MI PAÍS INVENTADO

MI PAÍS
INVENTADO

*Un Paseo Nostálgico
por Chile*

ISABEL
ALLENDE

 rayo *Una rama de* HarperCollins*Publishers*

Este libro fue publicado originalmente en 2003 en España por Areté.

PRIMERA EDICIÓN RAYO, 2003

Impreso en papel sin ácido

Library of Congress ha catalogado la edición en inglés.
ISBN 0-06-054565-8

03 04 05 06 07 QW 10 9 8 7 6 5 4 3 2 1

. . . por una razón o por otra, yo soy un triste desterrado. De alguna manera o de otra, yo viajo con nuestro territorio y siguen viviendo conmigo, allá, lejos, las esencias longitudinales de mi patria.

PABLO NERUDA, 1972

ÍNDICE

MI PAÍS INVENTADO

UNAS PALABRAS PARA COMENZAR

Nací en medio de la humareda y mortandad de la Segunda Guerra Mundial y la mayor parte de mi juventud transcurrió esperando que el planeta volara en pedazos cuando alguien apretara distraídamente un botón y se dispararan las bombas atómicas. Nadie esperaba vivir muy largo; andábamos apurados tragándonos cada momento antes de que nos sorprendiera el apocalipsis, de modo que no había tiempo para examinar el propio ombligo y tomar notas, como se usa ahora. Además crecí en Santiago de Chile, donde cualquier tendencia natural hacia la autocontemplación es cercenada en capullo. El refrán que define el estilo de vida de esa ciudad es: «Camarón que se duerme se lo lleva la corriente». En otras culturas más sofisticadas, como la de Buenos Aires o Nueva York, la visita al psicólogo era una actividad normal; abstenerse se consideraba evidencia de incultura o simpleza mental. En Chile, sin embargo, sólo los locos peligrosos lo hacían, y sólo en una camisa de fuerza; pero eso cambió en los años setenta, junto con la llegada de la revolución sexual. Tal vez exista una conexión… En mi familia nadie recurrió jamás a terapia, a pesar de que varios de nosotros éramos clásicos casos de estudio, porque la idea de confiar asuntos íntimos a un desconocido, a quien además se le pagaba para que escuchara, era absurda; para eso estaban los curas y las tías. Tengo poco entrenamiento para la reflexión, pero en las últimas semanas me he sorprendido pensando en mi pasado con una frecuencia que sólo puede explicarse como signo de senilidad prematura.

Dos sucesos recientes han desencadenado esta epidemia de recuerdos. El primero fue una observación casual de mi nieto Alejandro, quien me sorprendió escrutando el mapa de mis arrugas frente al espejo y dijo compasivo: «No te preocupes, vieja, vas a vivir por lo menos tres años más». Decidí entonces que había llegado la hora de echar otra mirada a mi vida, para averiguar cómo deseo conducir esos tres años que tan generosamente me han sido adjudicados. El otro acontecimiento fue una pregunta de un desconocido durante una conferencia de escritores de viajes, que me tocó inaugurar. Debo aclarar que no pertenezco a ese extraño grupo de personas que viaja a lugares remotos, sobrevive a la bacteria y luego publica libros para convencer a los incautos de que sigan sus pasos. Viajar es un esfuerzo desproporcionado, y más aún a lugares donde no hay servicio de habitaciones. Mis vacaciones ideales son en una silla bajo un quitasol en mi patio, leyendo libros sobre aventureros viajes que jamás haría a menos que fuera escapando de algo. Vengo del llamado Tercer Mundo (¿cuál es el segundo?) y tuve que atrapar un marido para vivir legalmente en el primero; no tengo intención de regresar al subdesarrollo sin una buena razón. Sin embargo, y muy a pesar mío, he deambulado por cinco continentes y además me ha tocado ser autoexiliada e inmigrante. Algo sé de viajes y por eso me pidieron que hablara en aquella conferencia. Al terminar mi breve discurso, se levantó una mano entre el público y un joven me preguntó qué papel jugaba la nostalgia en mis novelas. Por un momento quedé muda. Nostalgia... según el diccionario es «la pena de verse ausente de la patria, la melancolía provocada por el recuerdo de una dicha perdida». La pregunta me cortó el aire, porque hasta ese instante no me había dado cuenta de que escribo como un ejercicio constante de añoranza. He sido forastera durante casi toda mi vida, condición que acepto porque no me queda alternativa. Varias veces me he visto forzada a partir, rompiendo ataduras y dejando todo atrás, para comenzar de nuevo en otra parte; he sido peregrina por más caminos de los que puedo recordar. De tanto despedirme se me secaron las raíces y debí generar otras que, a falta de un lugar geográfico donde afincarse, lo han hecho en la memoria; pero, ¡cuidado!, la memoria es un laberinto donde acechan minotauros.

Si me hubieran preguntado hace poco de dónde soy, habría replicado, sin pensarlo mucho, que de ninguna parte, o latinoamericana, o tal vez chilena de corazón. Hoy, sin embargo, digo que soy americana, no sólo porque así lo atestigua mi pasaporte, o porque esa palabra incluye a América de norte a sur, o porque mi marido, mi hijo, mis nietos, la mayoría de mis amigos, mis libros y mi casa están en el norte de California, sino también porque no hace mucho un atentado terrorista destruyó las torres gemelas del World Trade Center y desde ese instante algunas cosas han cambiado. No se puede permanecer neutral en una crisis. Esta tragedia me ha confrontado con mi sentido de identidad; me doy cuenta que hoy soy una más dentro de la variopinta población norteamericana, tanto como antes fui chilena. Ya no me siento alienada en Estados Unidos. Al ver el colapso de las torres tuve la sensación de haber vivido esa pesadilla en forma casi idéntica. Por una escalofriante coincidencia —karma histórico— los aviones secuestrados en Estados Unidos se estrellaron contra sus objetivos un martes 11 de septiembre, exactamente el mismo día de la semana y del mes —y casi a la misma hora de la mañana— en que ocurrió el golpe militar de Chile, en 1973. Aquél fue un acto terrorista orquestado por la CIA contra una democracia. Las imágenes de los edificios ardiendo, del humo, las llamas y el pánico, son similares en ambos escenarios. Ese lejano martes de 1973 mi vida se partió, nada volvió a ser como antes, perdí a mi país. El martes fatídico de 2001 fue también un momento decisivo, nada volverá a ser como antes y yo gané un país.

Esas dos preguntas, la de mi nieto y la del desconocido en la conferencia, dieron origen a este libro, que no sé todavía hacia dónde va; por el momento divago, como siempre divagan los recuerdos, pero le ruego que me acompañe un poco más.

Escribo estas páginas en un altillo enclavado en un cerro empinado, vigilada por un centenar de robles torcidos, mirando la bahía de San Francisco, pero yo vengo de otra parte. La nostalgia es mi vicio. Nostalgia es un sentimiento melancólico y un poco cursi, como la ternura; resulta casi imposible atacar el tema sin caer en el sentimentalismo, pero voy a intentarlo. Si resbalo y caigo en la cursilería, tenga usted la certeza de que me pondré de pie unas líneas más adelante. A mi edad —soy tan antigua como la penicilina sintética— una empieza a recordar cosas que se habían borrado por medio siglo. No pensé en mi infancia ni en mi adolescencia durante décadas; en realidad tan poco me importaban aquellos períodos del remoto pasado en que al ver los álbumes de fotografías de mi madre no reconocía a nadie, excepto una perra bulldog con el nombre improbable de Pelvina López-Pun, y la única razón por la cual se me quedó grabada es porque nos parecíamos de manera notable. Existe una fotografía de ambas, cuando yo tenía pocos meses de edad, en la cual mi madre debió indicar con una flecha quién era quién. Seguramente mi mala memoria se debe a que esos tiempos no fueron particularmente dichosos, pero supongo que así le sucede a la mayor parte de los mortales. La infancia feliz es un mito; para comprenderlo basta echar una mirada a los cuentos infantiles, en los cuales el lobo se come a la abuelita, luego viene un leñador y abre al pobre animal de arriba abajo con su cuchillo, extrae a la vieja viva y entera, rellena la barriga con piedras y enseguida cose la piel con hilo y aguja, induciendo tal sed en el lobo, que éste sale corriendo a tomar agua al río, donde se ahoga con el peso de las piedras. ¿Por qué no lo eliminó de manera más simple y humana?, pienso yo. Seguramente porque nada es simple ni humano en la niñez. En esos tiempos no existía el término «abuso infantil», se suponía que la mejor forma de criar chiquillos era con la correa en una mano y la cruz en la otra, tal como se daba por sentado el derecho del hombre a sacudir a su mujer si la sopa llegaba fría a su mesa. Antes de que los psicólogos y las autoridades intervinieran en el asunto, nadie dudaba de los efectos benéficos de una buena paliza. No me pegaban como a mis hermanos, pero igual vivía con miedo, como todos los demás niños a mi alrededor.

En mi caso la infelicidad natural de la infancia se agravaba por un montón de complejos tan enmarañados, que ya no puedo ni siquiera enumerarlos, pero por suerte no me dejaron heridas que el tiempo no haya curado. Una vez oí decir a una famosa escritora afroamericana que desde niña se había sentido extraña en su familia y en su pueblo; agregó que eso experimentan casi todos los escritores, aunque no se muevan nunca de su ciudad natal. Es condición inherente a este trabajo, aseguró; sin el desasosiego de sentirse diferente no habría necesidad de escribir. La escritura, al fin y al cabo, es un intento de comprender las circunstancias propias y aclarar la confusión de la existencia, inquietudes que no atormentan a la gente normal, sólo a los inconformistas crónicos, muchos de los cuales terminan convertidos en escritores después de haber fracasado en otros oficios. Esta teoría me quitó un peso de encima: no soy un monstruo, hay otros como yo.

Nunca calcé en parte alguna, ni en la familia, la clase social o la religión que me tocaron en suerte; no pertenecí a las pandillas que andaban en bicicleta por la calle; los primos no me incluían en sus juegos; era la chiquilla menos popular del colegio y después fui por mucho tiempo la que menos bailaba en las fiestas, más por tímida que por fea, prefiero suponer. Me encerraba en el orgullo, fingiendo que no me importaba, pero habría vendido el alma al diablo por ser del grupo, en caso que Satanás se hubiera presentado con tan atractiva propuesta. La raíz de mi problema siempre ha sido la misma: incapacidad para aceptar lo que a otros les parece natural y una tendencia irresistible a emitir opiniones que nadie desea oír, lo cual ha espantado a más de algún potencial pretendiente. (No deseo presumir, nunca fueron muchos.) Más tarde, durante mis años de periodista, la curiosidad y el atrevimiento tuvieron algunas ventajas. Por primera vez entonces fui parte de una comunidad, tenía patente de corso para hacer preguntas indiscretas y divulgar mis ideas, pero eso terminó bruscamente con el golpe militar de 1973, que desencadenó fuerzas incontrolables. De la noche a la mañana me convertí en extranjera en mi propia tierra, hasta que finalmente debí partir, porque no podía vivir y criar a mis hijos en un país donde imperaba el temor y donde no había lugar para disidentes como yo. En ese tiempo la curiosidad y el atrevimiento estaban prohibidos por decreto. Fuera de Chile aguardé durante años que se reinstaurara la democracia para retornar, pero cuando eso sucedió no lo hice, porque estaba casada con un norteamericano, viviendo cerca de San Francisco. No he vuelto a residir en Chile, donde en realidad he pasado menos de la mitad de mi vida, aunque lo visito con frecuencia; pero para responder a la pregunta de aquel desconocido sobre la nostalgia, debo referirme casi exclusivamente a mis años allí. Y para hacerlo debo mencionar a mi familia, porque patria y tribu se confunden en mi mente.

PAÍS DE ESENCIAS LONGITUDINALES

Empecemos por el principio, por Chile, esa tierra remota que pocos pueden ubicar en el mapa porque es lo más lejos que se puede ir sin caerse del planeta. «¿Por qué no vendemos Chile y compramos algo más cerca de París...?», preguntaba uno de nuestros escritores. Nadie pasa casualmente por esos lados, por muy perdido que ande, aunque muchos visitantes deciden quedarse para siempre, enamorados de la tierra y la gente. Es el fin de todos los caminos, una lanza al sur del sur de América, cuatro mil trescientos kilómetros de cerros, valles, lagos y mar. Así la describe Neruda en su ardiente poesía:

> *Noche, nieve y arena hacen la forma*
> *de mi delgada patria,*
> *todo el silencio está en su larga línea,*
> *toda la espuma sale de su barba marina,*
> *todo el carbón la llena de misteriosos besos.*

Este esbelto territorio es como una isla, separada del resto del continente al norte por el desierto de Atacama, el más seco del mundo, según les gusta decir a sus habitantes, aunque debe ser falso, porque en primavera una parte de ese cascote lunar suele arroparse con un manto de flores, como una prodigiosa pintura de Monet; al este por la cordillera de los Andes, formidable macizo de roca y nieves eternas; al oeste por las abruptas costas del océano Pacífico; abajo por la solitaria Antártida. Este país de topografía dramática y climas diversos, salpicado de caprichosos obstáculos y sacudido por los suspiros de centenares de volcanes, que existe como un milagro geológico entre las alturas de la cordillera y las profundidades del mar, está unido de punta a rabo por el empecinado sentimiento de nación de sus habitantes.

Los chilenos seguimos conectados a la tierra, como los campesinos que antes fuimos. La mayoría de nosotros sueña con tener un pedazo de tierra, aunque sea para plantar cuatro apolilladas lechugas. El diario más importante, *El Mercurio*, publica un suplemento semanal de agricultura que informa a la población en general sobre el último bicho insignificante que ha aparecido en las papas, o la producción de leche que se obtiene con determinado forraje. Los lectores, que viven en el asfalto y el cemento, lo leen apasionadamente, aunque jamás hayan visto a una vaca viva.

A grandes rasgos se puede decir que cuatro climas muy distintos existen a lo largo de este mi espigado Chile. El país está dividido en provincias de nombres hermosos, a los cuales los militares, que posiblemente tenían cierta dificultad en memorizarlos, agregaron un número. Me niego a usarlos, porque no es posible que una nación de poetas tenga el mapa salpicado de números, como un delirio aritmético. Hablemos de las cuatro grandes regiones, empezando por el *norte grande*, inhóspito y rudo, vigilado por altas montañas, que ocupa una cuarta parte del territorio y esconde en sus entrañas un tesoro inagotable de minerales. Fui al norte en la infancia y no lo he olvidado, a pesar de que ha transcurrido medio siglo desde entonces. Más tarde en mi vida me tocó atravesar un par de veces el desierto de Atacama y, aunque siempre la experiencia es extraordinaria, los recuerdos más persistentes son los de esa primera vez. En mi memoria Antofagasta, que en lengua quechua quiere decir «pueblo del salar grande», no es la ciudad moderna de hoy, sino un puerto anticuado y pobretón, con olor a yodo, salpicado de botes pesqueros, gaviotas y pelícanos. Antofagasta surgió en el siglo XIX como un espejismo en el desierto, gracias a la industria del salitre, que fue uno de los principales productos de exportación del país durante varias décadas. Más tarde, cuando se inventó el nitrato sintético, el puerto no perdió su importancia, porque ahora exporta cobre, pero las compañías salitreras fueron cerrándose una a una y la pampa quedó sembrada de pueblos fantasmas. Aquellas dos palabras, «pueblo fantasma», echaron a volar mi imaginación en aquel primer viaje.

Recuerdo que mi familia y yo subimos, cargados de bultos, a un tren que iba a paso de tortuga por el inclemente desierto de Atacama hacia Bolivia. Sol, piedras calcinadas, kilómetros y kilómetros de espectral soledad, de vez en cuando un cementerio abandonado, unos edificios en ruinas de adobe o de madera. Hacía un calor seco al que ni las moscas sobrevivían. La sed era inextinguible; tomábamos agua por galones, chupábamos naranjas y nos defendíamos a duras penas del polvo, que se introducía por cada resquicio. Se nos partían los labios hasta sangrar, nos dolían los oídos, estábamos deshidratados. Por la noche caía un frío duro como cristal, mientras la luna alumbraba el paisaje con un resplandor azul. Muchos años más tarde visité Chuquicamata, la mayor mina de cobre a tajo abierto del mundo, un inmenso anfiteatro donde millares de hombres del color de la tierra, como hormigas, arrancan el mineral de las piedras. El tren ascendió a más de cuatro mil metros de altura y la temperatura descendió hasta el punto que el agua se helaba en los vasos. Pasamos por el salar de Uyuni, un blanco mar donde reina un silencio puro y no vuelan pájaros, y otros salares donde vimos elegantes flamencos. Parecían brochazos de pintura entre los cristales formados, como piedras preciosas, en la sal.

El llamado *norte chico*, que algunos no consideran propiamente una región, divide el norte seco de la fértil zona central. Aquí está el valle de Elqui, uno de los centros espirituales de la Tierra que, según dicen, es mágico. Las fuerzas misteriosas de Elqui atraen peregrinos que acuden a conectarse con la energía cósmica del universo y muchos se quedan a vivir en comunidades esotéricas. Meditación, religiones orientales, gurús de diversos pelajes, de todo hay en Elqui; es como un rincón de California. Allí también se hace nuestro pisco, un licor de uva de moscatel, translúcido, virtuoso y sereno como la fuerza angélica que emana de esa tierra. Es la materia prima del *pisco sour*, nuestra dulce y traicionera bebida nacional, que se toma con confianza, pero al segundo vaso suelta una patada capaz de voltear al más valiente. El nombre de este licor se lo usurpamos sin contemplaciones a la ciudad de Pisco, en Perú. Si cualquier vino con burbujas suele llamarse champaña, aunque el auténtico sólo sea de Champagne, en Francia, supongo que también nuestro pisco puede apropiarse de un nombre ajeno. En el *norte chico* se construyó La Silla, uno de los observatorios astronómicos más importantes del mundo, porque el aire es tan límpido, que ninguna estrella —ni muerta ni por nacer— escapa al ojo del gigantesco telescopio. A propósito de esto, me contó alguien que ha trabajado allí por tres décadas que los más célebres astrónomos del mundo esperan durante años su turno para escudriñar el universo. Le comenté que debía ser estupendo trabajar con científicos que tienen los ojos siempre puestos en el infinito y viven despegados de las miserias terrenales; pero me informó que es todo lo contrario: los astrónomos son tan mezquinos como los poetas. Dice que pelean por la mermelada del desayuno. La condición humana es sorprendente.

El *valle central* es la zona más próspera del país, tierra de uva y manzanas, donde se aglomeran las industrias y un tercio de la población, que vive en la capital. Santiago fue fundado en este lugar por Pedro de Valdivia en 1541, porque después de caminar durante meses por las sequedades del norte, le pareció que había alcanzado el jardín del Edén. En Chile todo está centralizado en la capital, a pesar de los esfuerzos de diversos gobiernos, que durante medio siglo han tratado de dar poder a las provincias. Parece que lo que no sucede en Santiago no tenga importancia, aunque la vida en el resto del país es mil veces más agradable y tranquila.

La *zona sur* empieza en Puerto Montt, a cuarenta grados de latitud sur, una región encantada de bosques, lagos, ríos y volcanes. Lluvia y más lluvia alimenta la enmarañada vegetación de la selva fría, donde crecen nuestros árboles nativos, de mil años de antigüedad y hoy amenazados por la industria maderera. Hacia el sur el viajero recorre pampas azotadas por vientos inclementes; luego el país se desgrana en un rosario de islas despobladas y brumas lechosas, un laberinto de fiordos, islotes, canales, agua por todas partes. La última ciudad continental es Punta Arenas, mordida por todos los vientos, áspera y orgullosa, de cara a los páramos y los ventisqueros.

Chile posee un trozo del ignoto continente antártico, un mundo de hielo y soledad, de infinita blancura, donde nacen las fábulas y perecen los hombres; en el polo sur hemos plantado nuestra bandera. Por mucho tiempo nadie le atribuyó valor a la Antártida, pero ahora sabemos cuántas riquezas minerales esconde, además de ser un paraíso de fauna marina, así es que no hay país que no le haya puesto el ojo encima. Un crucero permite visitarla con relativa comodidad en verano, pero cuesta caro y por el momento sólo hacen el viaje los turistas ricos y los ecólogos pobres, pero determinados.

En 1888 nos adjudicamos la misteriosa Isla de Pascua, «el ombligo del mundo», o Rapanui, como se llama en el idioma pascuense. Está perdida en la inmensidad del océano Pacífico, a dos mil quinientas millas de distancia del Chile continental, más o menos a seis horas en avión desde Valparaíso o Tahití. No estoy segura de por qué nos pertenece. En esos tiempos bastaba que un capitán de barco plantara una bandera para apoderarse legalmente de una tajada del planeta, aunque sus habitantes, en este caso de apacible raza polinésica, no estuvieran de acuerdo. Así lo hacían las naciones europeas; Chile no podía quedarse atrás. Para los pascuences el contacto con Sudamérica fue fatal. A mediados del siglo XIX la mayor parte de la población masculina fue llevada al Perú a trabajar como esclavos en las guaneras, mientras Chile se encogía de hombros ante la suerte de aquellos olvidados ciudadanos. Fue tal el maltrato que recibió esa pobre gente, que en Europa se levantó una protesta internacional y, después de una larga lucha diplomática, los últimos quince sobrevivientes fueron devueltos a sus familias. Iban infectados de viruela y en poco tiempo la enfermedad exterminó al ochenta por ciento de los pascuences que quedaban en la isla. El destino de los demás no fue mucho mejor. Las ovejas se comieron la vegetación, convirtiendo el terreno en un pelado cascote de lava, y la desidia de las autoridades —en este caso, la marina chilena— sumió a los habitantes en la miseria. En las últimas dos décadas el turismo y el interés del mundo científico han rescatado a Rapanui.

Diseminados por la isla, hay monumentales estatuas de piedra volcánica, algunas de más de veinte toneladas de peso. Estos *moais* han intrigado a los expertos por siglos. Tallarlos en las laderas de los volcanes y luego arrastrarlos por un terreno irregular, erguirlos en una plataforma a menudo inaccesible y colocarles encima un sombrero de piedra roja, fue tarea de titanes. ¿Cómo lo hicieron? No hay rastros de una civilización avanzada que expliquen semejante proeza. Dos razas diferentes poblaron la isla y, según la leyenda, una de ellas, los arikis, poseía poderes mentales superiores, mediante los cuales hacía levitar a los *moais* y los trasladaba flotando sin esfuerzo físico hasta sus empinados altares. Es una lástima que esa técnica se haya perdido. En 1940, el antropólogo noruego Thor Heyerdahl fabricó una balsa, llamada *Kon Tiki*, con la que navegó desde Sudamérica hasta Isla de Pascua, para probar que existió contacto entre los incas y los pascuences.

Fui a Isla de Pascua en el verano de 1974, cuando sólo había un vuelo semanal y el turismo casi no existía. Enamorada del lugar, me quedé tres semanas más de lo planeado y así coincidí con el estreno de la televisión y una visita del general Pinochet, quien encabezaba la junta militar que había reemplazado a la democracia unos meses antes. La televisión fue recibida con más entusiasmo que el flamante dictador. La estadía del general fue de lo más pintoresca, pero no es ésta la oportunidad de entrar en detalles. Baste decir que una nube traviesa se colocaba estratégicamente encima de su cabeza cada vez que quiso hablar en público, empapándolo como un estropajo. Llevaba el propósito de entregar títulos de propiedad a los pascuences, pero nadie se interesó demasiado por recibirlos, ya que desde tiempos muy antiguos cada uno sabía qué pertenecía a quién y temían, con razón, que ese papelito del gobierno sólo sirviera para complicarles la existencia.

Chile también posee la isla de Juan Fernández, donde en 1704 fue abandonado el marinero escocés Alexander Selkirk, quien inspiró la novela de Daniel Defoe *Robinson Crusoe*. Selkirk vivió en la isla más de cuatro años, sin un loro amaestrado y sin la compañía de un nativo llamado Viernes, como en el libro, hasta que lo rescató otro capitán y lo llevó de vuelta a Inglaterra, donde su destino no fue mucho mejor que digamos. El turista empecinado, después de un agitado vuelo en avioneta o una interminable travesía en bote, puede visitar la cueva donde el escocés sobrevivió comiendo hierbas y pescado.

La lejanía nos da a los chilenos una mentalidad insular y la portentosa belleza de la tierra nos hace engreídos. Nos creemos el centro del mundo —consideramos que Greenwich debiera estar en Santiago— y damos la espalda a América Latina, siempre comparándonos con Europa. Somos autorreferentes, el resto del universo sólo existe para consumir nuestros vinos y producir equipos de fútbol a los cuales podamos ganar.

Al visitante le aconsejo no poner en duda las maravillas que oiga sobre el país, su vino y sus mujeres, porque al extranjero no se le permite criticar, para eso hay más de quince millones de nativos que lo hacen todo el tiempo. Si Marco Polo hubiera desembarcado en nuestras costas después de treinta años de aventuras por Asia, lo primero que le habrían dicho es que nuestras empanadas son mucho más sabrosas que toda la cocina del Celeste Imperio. (¡Ah! Ésta es otra característica nuestra: opinamos sin fundamento, pero en un tono de tal certeza, que nadie lo pone en duda.) Confieso que también padezco de ese escalofriante chovinismo. La primera vez que visité San Francisco y tuve ante mis ojos los suaves cerros dorados, la majestad de los bosques y el espejo verde de la bahía, mi único comentario fue que se parecía a la costa chilena. Después comprobé que la fruta más dulce, los vinos más delicados y el pescado más fino son importados de Chile, naturalmente.

Para ver a mi país con el corazón hay que leer a Pablo Neruda, el poeta nacional que inmortalizó en sus versos los soberbios paisajes, los aromas y amaneceres, la lluvia tenaz y la pobreza digna, el estoicismo y la hospitalidad. Ése es el país de mis nostalgias, el que invoco en mis soledades, el que aparece como telón de fondo en tantas de mis historias, el que se me aparece en sueños. Hay otras caras de Chile, por supuesto: una materialista y arrogante, cara de tigre, que vive contándose las rayas y peinándose los bigotes; otra deprimida, cruzada por las brutales cicatrices del pasado; una que se le presenta sonriente a turistas y banqueros; aquella que espera resignada el próximo cataclismo geológico o político. Chile da para todo.

DULCE DE LECHE, ORGANILLOS
Y GITANAS

Mi familia es de Santiago, pero eso no explica todos mis traumas, hay lugares peores bajo el sol. Allí me crié, pero ahora apenas lo reconozco y me pierdo en las calles. La capital fue fundada por soldados a golpes de espada y pala, con el trazado clásico de las ciudades españolas de antaño: una plaza de armas al centro, de donde salían calles paralelas y perpendiculares. De eso queda apenas el recuerdo. Santiago se ha desparramado como un pulpo demente, extendiendo sus tentáculos ansiosos en todas direcciones; hoy alberga cinco millones y medio de personas que sobreviven como mejor pueden. Sería una ciudad bonita, porque es limpia y no le faltan parques, si no tuviera encima un sombrero pardo de polución, que en invierno mata infantes en las cunas, ancianos en los asilos y pájaros en el aire. Los santiaguinos se han acostumbrado a seguir el índice diario del *smog* tal como llevan la cuenta de la bolsa de valores y el resultado del fútbol. En los días en que el índice se encumbra demasiado, la circulación de vehículos se restringe según el número de la licencia, los niños no hacen deportes en la escuela y el resto de los ciudadanos procura respirar lo menos posible. La primera lluvia del año lava la mugre de la atmósfera y cae como ácido sobre la ciudad; si usted anda sin paraguas sentirá como si le echaran jugo de limón en los ojos; pero no se preocupe, nadie se ha quedado ciego por eso todavía. No todos los días son así, a veces amanece despejado y se puede apreciar el espectáculo magnífico de las montañas nevadas.

Hay ciudades, como Caracas o el D.F. en México, donde pobres y ricos se mezclan, pero en Santiago los límites son claros. La distancia entre las mansiones de los ricos en los faldeos cordilleranos, con guardias en la puerta y cuatro garajes, y las casuchas de las poblaciones proletarias, donde viven quince personas hacinadas en dos habitaciones sin baño, es astronómica. Siempre que voy a Santiago me llama la atención que una parte de la ciudad sea en blanco y negro y la otra en tecnicolor. En el centro y en las poblaciones de obreros todo parece gris, los pocos árboles que existen están exhaustos, los muros deslavados, la gente cansada; hasta los perros que vagan entre los tarros de basura son unos quiltros pulguientos de color indefinido. En los sectores de la clase media hay árboles frondosos y las casas son modestas, pero bien tenidas. En los barrios de los ricos sólo se aprecia la vegetación: las mansiones se ocultan tras infranqueables paredes, nadie anda por las calles y los perros son mastines que sólo sueltan de noche para cuidar las propiedades.

Largo, seco y caliente es el verano en la capital. Un polvillo amarillento cubre la ciudad en esos meses; el sol derrite el asfalto y afecta al humor de los santiaguinos, por eso quien puede procura escapar. Cuando yo era niña, mi familia partía por dos meses a la playa, un verdadero safari en el automóvil de mi abuelo, cargado con una tonelada de bultos sobre la parrilla y tres chiquillos completamente mareados dentro. Entonces los cami-

nos eran pésimos y debíamos culebrear cerro arriba y cerro abajo con un esfuerzo descomunal para el vehículo. Siempre había
que cambiar por lo menos uno o dos neumáticos, faena que requería descargar todos los bultos. Mi abuelo llevaba sobre las
rodillas un pistolón de aquellos que se usaban antaño para los
duelos, porque creía que en la cuesta de Curacaví, llamada apro-
piadamente de La Sepultura, solían apostarse unos bandidos. Si
los había, no creo que fueran sino unos atorrantes que habrían
escapado al primer tiro al aire, pero, por si acaso, pasábamos la
cuesta rezando, método infalible contra los asaltos, puesto que
nunca vimos a los siniestros bandoleros. Nada de eso existe hoy.
A los balnearios se llega en menos de dos horas por rutas espléndidas. Hasta hace poco los únicos caminos malos eran los que
conducían a los sitios donde veranean los ricos, que luchaban por
preservar sus playas exclusivas. Les horrorizaba ver llegar a la
chusma en buses los fines de semana, con sus hijos morenos,
sandías, pollos asados y radios con música popular; por eso mantenían el camino de tierra en el peor estado posible. Tal como dijo
un senador de derecha: «Cuando la democracia se pone democrática, no sirve». Eso ha cambiado. El país está conectado por una
larga arteria, la carretera Panamericana, que se une con la Aus-
tral, y por una extensa red de caminos pavimentados y muy seguros. Nada de guerrilleros buscando a quien secuestrar, o bandas de traficantes de drogas defendiendo su territorio, o policías
corruptos a la pesca de soborno, como en otros países latinoamericanos algo más interesantes que el nuestro. Es mucho más probable que te asalten en pleno centro de la ciudad que en un sen-
dero despoblado en el campo.

Apenas uno sale de Santiago, el paisaje se torna bucólico: potre-
ros bordeados de álamos, cerros y viñedos. Al visitante le reco-
miendo detenerse a comprar fruta y verduras en los puestos a lo
largo de la carretera, o desviarse un poco y entrar en los villorrios
en busca de la casa donde flamea un trapo blanco, allí se ofrecen
pan amasado, miel y huevos color de oro.

Por la ruta de la costa hay playas, pueblos pintorescos y
caletas con redes y botes, donde se encuentran los fabulosos tesoros de nuestra cocina: primero el congrio, rey del mar, con su
chaleco de escamas enjoyadas; luego la corvina, de suculenta
carne blanca, acompañada de un cortejo de cien otros peces más
modestos, pero igualmente sabrosos; enseguida el coro de nuestros mariscos: centollas, ostras, choros, ostiones, abalones, lan-
gostinos, erizos y muchos otros, incluso algunos de aspecto tan
sospechoso que ningún extranjero se atreve a probarlos, como el
erizo o el pícoroco, yodo y sal, pura esencia marina. Son tan
buenos nuestros pescados, que no es necesario saber de cocina
para prepararlos. Coloque un lecho de cebolla picada en una
fuente de barro o Pyrex, ponga encima su flamante pez bañado
en jugo de limón, con unas cuantas cucharadas de mantequilla,
salpicado de sal y pimienta; métalo al horno caliente hasta que la
carne se cocine, pero no demasiado, para que no se le seque; sír-
valo con uno de nuestros vinos blancos bien fríos, en compañía
de sus mejores amigos.

Cada año en diciembre partíamos con mi abuelo a comprar
los pavos de Navidad, que los campesinos criaban para esas fe-

chas. Puedo ver a ese viejo arrastrando su pierna coja, a las carreras en un potrero tratando de dar caza al pájaro en cuestión. Debía calcular el salto para caerle encima, aplastarlo contra el suelo y sujetarlo, mientras uno de nosotros procuraba atarle las patas con un cordel. Luego debía darle una propina al campesino para que matara al pavo lejos de la vista de los niños, que de otro modo se habrían negado a probarlo una vez guisado. Resulta muy difícil retorcer el cogote a una criatura con la cual se ha establecido una relación personal, como pudimos comprobar aquella vez que mi abuelo llevó una cabra para engordarla en el patio de la casa y asarla el día de su cumpleaños. La cabra murió de vieja. Además resultó que no era hembra, sino macho, y apenas le salieron cuernos nos atacaba a traición.

El Santiago de mi infancia tenía pretensiones de gran ciudad, pero alma de aldea. Todo se sabía. ¿Faltó alguien a misa el domingo? La noticia circulaba de prisa y antes del miércoles el párroco tocaba la puerta del pecador para averiguar sus razones. Los hombres andaban tiesos de gomina, almidón y vanidad; las mujeres, con alfileres en el sombrero y guantes de cabritilla; la elegancia era requisito indispensable para ir al centro o al cine, que todavía se llamaba «biógrafo». Pocas casas tenían refrigerador —en eso la de mi abuelo era muy moderna— y a diario pasaba un jorobado repartiendo bloques de hielo y sal gruesa para las neveras. Nuestro refrigerador, que duró cuarenta años sin ser reparado jamás, poseía un ruidoso motor de submarino que de vez en cuando estremecía la casa con ataques de tos. La cocinera sacaba con una escoba los cadáveres electrocutados de los gatitos, que se metían debajo buscando calor. En el fondo ése era un buen método profiláctico, porque en el tejado nacían docenas de gatos y sin los corrientazos del refrigerador nos habrían invadido por completo.

En nuestra casa, como en todo hogar chileno, había animales. Los perros se adquirían de diferentes maneras: se heredaban, se recibían de regalo, se encontraban por allí atropellados, pero aún vivos, o seguían al niño a la salida de la escuela y luego no había forma de echarlos. Siempre ha sido así y espero que no cambie. No conozco a ningún chileno normal que haya comprado uno; los únicos que lo hacen son unos fanáticos del Kennel Club, pero en realidad nadie los toma en serio. La mayoría de nuestros perros nacionales se llaman Negro, aunque sean de otro color, y los gatos se llaman genéricamente Micifú o Cucho; sin embargo, las mascotas de mi familia recibían tradicionalmente nombres bíblicos: Barrabás, Salomé, Caín, excepto un perro de dudoso linaje que se llamó Sarampión, porque apareció durante una epidemia de esa enfermedad. En las ciudades y pueblos de mi país corretean levas de canes sin dueño, que no constituyen jaurías hambrientas y desoladas, como las que se ven en otras partes del mundo, sino comunidades organizadas. Son animales mansos, satisfechos de su posición social, un poco somnolientos. Una vez leí un estudio cuyo autor sostenía que, si todas las razas existentes de perros se mezclaran libremente, en pocas generaciones habría un solo un tipo: un animal fuerte y astuto, de tamaño mediano, pelo corto y duro, hocico en punta y cola voluntariosa, es decir, el típico quiltro chileno. Supongo que llegaremos a eso.

Cuando también se fundan en una sola todas las razas humanas, el resultado será una gente más bien baja, de color indefinido, adaptable, resistente y resignada a los avatares de la existencia, como nosotros, los chilenos.

En esos tiempos el pan se iba a buscar dos veces al día a la panadería de la esquina y se traía a la casa envuelto en un paño blanco. El olor de ese pan recién salido del horno y aún tibio es uno de los recuerdos más pertinaces de la niñez. La leche era una crema espumosa que se vendía a granel. Una campanita colgada al cuello del caballo y el aroma de establo que invadía la calle anunciaban la llegada del carretón de la leche. Las empleadas se ponían en fila con sus tiestos y compraban por tazas, que el lechero medía metiendo su brazo peludo hasta la axila en los grandes tarros, siempre cubiertos de moscas. Algunas veces se compraban varios litros de más, para hacer manjar blanco —o dulce de leche—, que duraba varios meses almacenado en la penumbre fría del sótano, donde también se guardaba el vino, embotellado en casa. Comenzaban por hacer una fogata en el patio con leña y carbón. Encima se colgaba de un trípode una olla de hierro negra por el uso, donde se echaban los ingredientes, en proporción de cuatro tazas de leche por una de azúcar, se aromatizaba con dos palitos de vainilla y la cáscara de un limón, se hervía pacientemente durante horas, revolviendo de vez en cuando con una larguísima cuchara de madera. Los niños mirábamos de lejos, esperando que terminara el proceso y se enfriara el dulce, para raspar la olla. No nos permitían acercarnos y cada vez nos repetían la triste historia de aquel niño goloso que se cayó dentro de la olla y, tal como nos explicaban, «se deshizo en el dulce hirviendo y no pudieron encontrar ni los huesos». Cuando se inventó la leche pasteurizada en botellas, las amas de casa se ataviaban con sus galas de domingo para fotografiarse, como en las películas de Hollywood, junto al camión pintado de blanco que reemplazó al inmundo carretón. Hoy no sólo hay leche entera, descremada y con sabores, también se compra el manjar blanco envasado; ya nadie lo hace en casa.

En verano pasaban por el barrio humildes chiquillos con canastos de moras y sacos de membrillos para hacer dulce; también aparecía el musculoso Gervasio Lonquimay, quien estiraba los resortes metálicos de los catres y lavaba la lana de los colchones, una faena que podía durar tres o cuatro días, porque la lana se secaba al sol y luego había que escarmenarla a mano antes de volver a colocarla en los forros. De Gervasio Lonquimay se murmuraba que había estado preso por degollar a un rival, rumor que le otorgaba un aura de indudable prestigio. Las empleadas le ofrecían horchata para la sed y toallas para el sudor.

Un organillero, siempre el mismo, recorría las calles, hasta que uno de mis tíos le compró el organillo y salió tocando la musiquita y repartiendo papelillos de la buena suerte con un loro patético, ante el horror de mi abuelo y del resto de la familia. Entiendo que mi tío pretendía seducir así a una prima, pero el plan no dio el resultado esperado: la muchacha se casó a las carreras y escapó lo más lejos posible. Finalmente mi tío regaló el instrumento musical y el loro quedó en la casa. Tenía mal genio, y al primer descuido podía arrancar un dedo de un picotazo a quien se aproximara, pero a mi abuelo le hacía gracia porque maldecía como un corsario. Aquel pajarraco vivió veinte años con él y quién sabe cuántos más había vivido antes; era un Matusalén emplumado. También pasaban las gitanas por el barrio, embaucando a los incautos con su castellano enrevesado y esos ojos irresistibles que habían visto tanto mundo, siempre de a dos o tres, con media docena de criaturas moquillentas colgadas de sus faldas. Les teníamos terror, porque decían que robaban niños pequeños, los encerraban en jaulas para que crecieran deformes y luego los vendían como fenómenos a los circos. Echaban mal de ojo si se les negaba una limosna. Se les atribuían mágicos poderes: podían hacer desaparecer joyas sin tocarlas y desatar epidemias de piojos, verrugas, calvicie y dientes podridos. Así y todo, no resistíamos la tentación de que nos leyeran el destino en la palma de las manos. A mí siempre me decían lo mismo: un hombre moreno de bigotes me llevaría muy lejos. Como no recuerdo a ningún enamorado con esas características, supongo que se referían a mi padrastro, quien tenía bigote de foca y me llevó por muchos países en sus peregrinajes de diplomático.

UNA ANTIGUA CASA ENCANTADA

Mi primer recuerdo de Chile es una casa que no conocí. Ella fue la protagonista de mi primera novela, *La casa de los espíritus*, donde aparece como la mansión que alberga a la estirpe de los Trueba. Esa familia ficticia se parece en forma alarmante a la de mi madre; yo no podría haber inventado personajes como aquéllos. Además no era necesario, con una familia como la mía no se requiere imaginación. La idea de la «gran casa de la esquina», que figura en el libro, surgió de la antigua residencia de la calle Cueto, donde nació mi madre, tantas veces evocada por mi abuelo, que me parece haber vivido en ella. Ya no quedan casas así en Santiago, han sido devoradas por el progreso y el crecimiento demográfico, pero todavía existen en las provincias. Puedo verla: vasta y somnolienta, decrépita por el uso y el abuso, de techos altos y ventanas angostas, con tres patios, el primero de naranjos y jazmines, donde cantaba una fuente; el segundo con un huerto enmalezado y el tercero, un desorden de artesas de lavado, perreras, gallineros e insalubres cuartos de empleadas, como celdas de una mazmorra. Para ir al baño por la noche había que salir de excursión con una lámpara, desafiando las corrientes de aire y las arañas, haciendo oídos sordos al crujir de las maderas y las carreras de los ratones. La casona, con entrada por dos calles, era de un piso con mansarda y albergaba una tribu de bisabuelos, tías solteronas, primos, criadas, parientes pobres y huéspedes que se instalaban para siempre sin que nadie se atreviera a echarlos, porque en Chile los «allegados» están protegidos por un sagrado código de hospitalidad. Había también uno que otro fantasma de dudosa autenticidad, de los que no faltan en mi familia. Hay quienes aseguran que las ánimas penaban entre esas paredes, pero uno de mis viejos parientes me confesó que de niño se disfrazaba con un vetusto uniforme militar para asustar a la tía Cupertina. La pobre solterona nunca dudó que aquel visitante noctámbulo fuera el espíritu de don José Miguel Carrera, uno de los padres de la patria, quien acudía a pedirle plata para decir misas por la salvación de su aguerrida alma.

Mis tíos maternos, los Barros, fueron doce hermanos bastante excéntricos, pero ninguno loco de atar. Al casarse algunos se quedaban con sus cónyuges y sus hijos en la casa de la calle Cueto. Así lo hizo mi abuela Isabel, casada con mi abuelo Agustín. La pareja no sólo vivió en aquel gallinero de estrafalarios parientes, sino que a la muerte de los bisabuelos compró la casa y allí criaron a sus cuatro hijos durante varios años. Mi abuelo la modernizó, pero su mujer sufría de asma por la humedad de los cuartos; además el vecindario se llenó de pobres y la «gente bien» empezó a emigrar en masa hacia el este de la ciudad. Doblegado por la presión social, construyó una casa moderna en el barrio de Providencia, que entonces quedaba extramuros, pero se suponía que iba a prosperar. El hombre tenía buen ojo, porque a los pocos años Providencia se convirtió en la zona residencial más elegante de la capital, aunque dejó de serlo hace mucho, cuando la clase media empezó a trepar por las laderas de los cerros y los ricos de verdad se fueron cordillera arriba, donde anidan los cóndores. En la actualidad Providencia es un caos de tráfico, comercio, oficinas y restaurantes, donde sólo viven los más ancianos en antiguos edificios de apartamentos, pero entonces lindaba con los campos donde las familias pudientes tenían chacras de veraneo, donde el aire era límpido y la existencia, bucólica. De esta casa hablaré un poco más adelante; por el momento volvamos a mi familia.

Chile es un país moderno de quince millones de habitantes, pero con resabios de mentalidad tribal. Esto no ha cambiado mucho, a pesar de la explosión demográfica, sobre todo en las provincias, donde cada familia sigue encerrada en su círculo, grande o pequeño. Estamos divididos en clanes, que comparten un interés o una ideología. Sus miembros se parecen, se visten de manera similar, piensan y actúan como clones y, por supuesto, se protegen unos a otros, excluyendo a los demás. Por ejemplo, el clan de los agricultores (me refiero a los dueños de tierra, no a los humildes campesinos), los médicos, los políticos (no importa cuál sea su partido), los empresarios, los militares, los camioneros y, en fin, todos los demás. Por encima de los clanes está la familia, inviolable y sagrada, nadie escapa a sus deberes con ella. Por ejemplo, el tío Ramón suele llamarme por teléfono a California, donde vivo, para comunicarme que murió un tío en tercer grado, a quien no conocí, y dejó a una hija en mala situación. La joven quiere estudiar enfermería, pero no tiene medios para hacerlo. Al tío Ramón, como el miembro de más edad del clan, le corresponde ponerse en contacto con cualquiera que tenga lazos de sangre con el difunto, desde los parientes cercanos hasta los más remotos, para financiar los estudios de la futura enfermera. Negarse sería un acto vil, que sería recordado por varias generaciones. Dada la importancia que para nosotros tiene la familia, he escogido a la mía como hilo conductor para este libro, de modo que si me explayo en algunos de sus miembros es seguramente porque hay una razón, aunque a veces ésta sea sólo mi deseo de no perder esos lazos de sangre que me unen también a mi tierra. Mis parientes servirán para ilustrar ciertos vicios y virtudes del carácter de los chilenos. Como método científico puede ser objetable, pero desde el punto de vista literario tiene algunas ventajas.

Mi abuelo, quien provenía de una familia pequeña y arruinada por la muerte prematura del padre, se enamoró de una muchacha con fama de bella, llamada Rosa Barros, pero la chica murió misteriosamente antes de la boda. Quedan de ella sólo un par de fotografías color sepia, desteñidas por la bruma del tiempo, en las cuales apenas se distinguen sus rasgos. Años después mi abuelo se casó con Isabel, hermana menor de Rosa. En esos tiempos todo el mundo dentro de una clase social se conocía en Santiago, de manera que los matrimonios, aunque no eran arreglados como en la India, siempre eran asuntos de familia. A mi abuelo le pareció lógico que si había sido aceptado entre los Barros como novio de una de las hijas, no había razón para que no lo fuera de otra.

En su juventud mi abuelo Agustín era delgado, de nariz aguileña, vestido de negro con un traje arreglado de su difunto padre, solemne y orgulloso. Pertenecía a una antigua familia de origen castellano-vasco, pero a diferencia de sus parientes, era pobre. Sus parientes no daban que hablar, excepto el tío Jorge, buen mozo y elegante como un príncipe, con un futuro brillante a sus pies, codiciado por varias de las señoritas en edad de casarse, quien tuvo la debilidad de enamorarse de una mujer «de medio pelo», como llaman en Chile a la esforzada clase media baja. En otro país tal vez habrían podido amarse sin tragedia, pero en el ambiente en que les tocó vivir estaban condenados al ostracismo. Ella adoró al tío Jorge durante cincuenta años, pero usaba una estola de zorros apolillados, se pintaba el cabello color zanahoria, fumaba con desenfado y tomaba cerveza directo de la botella, razones sobradas para que mi bisabuela Ester le declarara la guerra y prohibiera a su hijo mencionarla en su presencia. Él obedeció calladamente, pero al día siguiente de la muerte de su madre, se casó con su amada, quien para entonces era una mujer madura y enferma de los pulmones, aunque siempre encantadora. Se amaron en la miseria sin que nada pudiera separarlos: dos días después de que él se despachara de un ataque al corazón, a ella la encontraron muerta en la cama, envuelta en la vieja bata de su marido.

Debo decir unas palabras sobre la bisabuela Ester, porque creo que su poderosa influencia es la explicación de algunos aspectos del carácter de su descendencia y, de alguna manera, representa a la matriarca intransigente, tan común entonces y ahora. La figura materna tiene proporciones mitológicas en nuestro país, así es que no me extraña la actitud sumisa del tío Jorge. La madre judía y la *mamma* italiana son diletantes comparadas con las chilenas. Acabo de descubrir por casualidad que el marido de

doña Ester tenía mala cabeza para los negocios y perdió las tierras y la fortuna que había heredado; parece que los acreedores
eran sus propios hermanos. Al verse arruinado, se fue a la casa
del campo y se destrozó el pecho de un escopetazo. Digo que
acabo de saber este hecho, porque la familia lo ocultó por cien
años y todavía se menciona sólo en susurros; el suicidio era con-
siderado un pecado particularmente deleznable, porque el cuerpo no podía enterrarse en la tierra consagrada de un cementerio
católico. Para evitar la vergüenza, sus parientes vistieron el cadáver con chaqueta de levita y sombrero de copa, lo sentaron en
un coche con caballos y se lo llevaron a Santiago, donde pudieron darle cristiana sepultura gracias a que todo el mundo, incluso el cura, hizo la vista gorda. Este hecho dividió a la familia
entre los descendientes directos, que aseguran que lo del suicidio
es calumnia, y los descendientes de los hermanos del muerto,
quienes finalmente se quedaron con sus bienes. En cualquier
caso, la viuda se sumió en la depresión y la pobreza. Había sido
una mujer alegre y bonita, virtuosa del piano, pero a la muerte de
su marido se vistió de luto riguroso, le puso llave al piano y desde
ese día en adelante sólo salía de su casa para asistir a misa diaria. Con el tiempo la artritis y la gordura la convirtieron en una
monstruosa estatua atrapada entre cuatro paredes. Una vez por
semana el párroco le llevaba la comunión a la casa. Esa viuda
sombría inculcó a sus hijos la idea de que el mundo es un valle
de lágrimas y aquí estamos sólo para sufrir. Presa en su sillón de
inválida, juzgaba las vidas ajenas; nada escapaba a sus ojitos
de halcón y su lengua de profeta. Para la filmación de la película de *La casa de los espíritus* debieron trasladar, desde Inglate-

rra hasta el estudio en Copenhague, a una actriz del tamaño de una ballena para ese papel, después de quitar varios asientos del avión para contener su inverosímil corpulencia. Aparece apenas un instante en la pantalla, pero produce una impresión memorable.

Al contrario de doña Ester y su descendencia, gente solemne y seria, mis tíos maternos eran alegres, exuberantes, derrochadores, enamoradizos, buenos para apostar a los caballos, tocar música y bailar la polca. (Esto de bailar es poco usual entre los chilenos, que en general carecen de sentido del ritmo. Uno de los grandes descubrimientos que hice en Venezuela, donde fui a vivir en 1975, es el poder terapéutico del baile. Apenas se juntan tres venezolanos, uno tamborea o toca la guitarra y los otros dos bailan; no hay pena que resista ese tratamiento. Nuestras fiestas, en cambio, se parecen a los funerales: los hombres se arrinconan para hablar de negocios y las mujeres se aburren. Sólo bailan los jóvenes, seducidos por la música norteamericana, pero apenas se casan se ponen solemnes, como sus padres.) La mayor parte de las anécdotas y personajes de mis libros se basan en la original familia Barros. Las mujeres eran delicadas, espirituales y divertidas. Los varones eran altos, guapos y siempre dispuestos para una pelea a puñetes; también eran «chineros», como llamaban a los aficionados a los burdeles, y más de uno acabó con alguna enfermedad misteriosa. Imagino que la cultura del prostíbulo es importante en Chile, porque aparece una y otra vez en la literatura, como si nuestros autores vivieran obsesionados con ello. A pesar de que no me considero una experta en el tema, no me libré de crear a una prostituta con corazón de oro, Tránsito Soto, en mi primera novela.

Tengo una centenaria tía abuela que aspira a la santidad y cuyo único deseo es entrar al convento, pero ninguna congregación, ni siquiera las Hermanitas de la Caridad, la tolera más de un par semanas, así es que la familia ha tenido que hacerse cargo de ella. Créame, no hay nada tan insoportable como un santo, no se lo deseo ni a mi peor enemigo. En los almuerzos dominicales en casa de mi abuelo, mis tíos hacían planes para asesinarla, pero siempre lograba escapar ilesa y aún está viva. En su juventud esta dama usaba un hábito de su invención, cantaba a todas horas himnos religiosos con voz angélica y al menor descuido se escapaba para ir a la calle Maipú a catequizar a gritos a las niñas de vida alegre, que la recibían con una lluvia de verduras podridas. En la misma calle el tío Jaime, primo de mi madre, se ganaba el dinero para sus estudios de medicina aporreando un acordeón en las «casas de mala vida». Amanecía cantando a todo pulmón una canción llamada «Yo quiero una mujer desnuda», lo cual causaba tal escándalo que salían las beatas a protestar. En esos tiempos la lista negra de la Iglesia católica incluía libros como *El conde de Montecristo*; imagine el espanto que puede haber causado el deseo por una mujer desnuda vociferado por mi tío. Jaime llegó a ser el pediatra más célebre y querido del país, el político más pintoresco —capaz de recitar sus discursos en verso rimado en el Senado— y sin duda el más radical de mis parientes, comunista a la izquierda de Mao, cuando Mao todavía estaba en pañales. Hoy es un anciano hermoso y lúcido, que usa calcetines color rojo encendido como símbolo de sus ideas políticas. Otro de mis parientes se quitaba los pantalones en la calle para dárselos a los pobres y su fotografía en calzoncillos, pero con sombrero, chaqueta y corbata, solía aparecer en los periódicos. Tenía tan alta idea de sí mismo, que en su testamento dejó instrucciones para ser enterrado de pie, así podría mirar a Dios directo a los ojos cuando tocara la puerta del cielo.

Nací en Lima, donde mi padre era uno de los secretarios de la embajada. La razón por la cual me crié en casa de mi abuelo en Santiago es que el matrimonio de mis padres fue un desastre desde el principio. Un día, cuando yo tenía alrededor de cuatro años, mi padre salió a comprar cigarrillos y no regresó más. La verdad es que no fue a comprar cigarrillos, como siempre se dijo, sino que partió de parranda disfrazado de india peruana, con polleras multicolores y una peluca de trenzas largas. Dejó a mi madre en Lima, con un montón de cuentas impagas y tres niños, el menor recién nacido. Supongo que ese primer abandono hizo alguna muesca en mi psique, porque en mis libros hay tantas criaturas abandonadas, que podría fundar un orfelinato; los padres de mis personajes están muertos, desaparecidos o son tan autoritarios y distantes, que es como si existieran en otro planeta. Al encontrarse sin marido y a la deriva en un país extranjero, mi madre debió vencer el monumental orgullo en que había sido criada y regresar al hogar de mi abuelo. Mis primeros años en Lima están borrados por la niebla del olvido; todos los recuerdos de mi infancia están ligados a Chile.

Crecí en una familia patriarcal en la cual mi abuelo era

como Dios: infalible, omnipresente y todopoderoso. Su casa en el barrio de Providencia no era ni sombra de la mansión de mis bisabuelos en la calle Cueto, pero durante mis primeros años fue mi universo. No hace mucho fue a Santiago un periodista japonés con la intención de fotografiar la supuesta «gran casa de la esquina» que aparece en mi primera novela. Fue inútil explicarle que era ficción. Al cabo de tan largo viaje, el pobre hombre se llevó un tremendo chasco, porque Santiago ha sido demolido y vuelto a construir varias veces desde entonces. Nada dura en esta ciudad. La casa que construyó mi abuelo ahora es una discoteca de mala muerte, un deprimente engendro de plástico negro y luces psicodélicas. La residencia de la calle Cueto, que fuera de mis bisabuelos, desapareció hace muchos años y en su sitio se alzan unas torres modernas para inquilinos de bajos ingresos, irreconocibles entre tantas docenas de edificios similares.

Permítame un comentario sobre aquella demolición, como capricho sentimental. Un día las máquinas del progreso llegaron con la misión de pulverizar la casona de mis antepasados y durante semanas los implacables dinosaurios de hierro aplanaron el suelo con sus patas dentadas. Cuando por fin se asentó la polvareda de beduinos, los pasantes pudieron comprobar asombrados que en ese descampado todavía se erguían intactas varias palmeras. Solitarias, desnudas, con sus melenas mustias y un aire de humildes cenicientas, esperaban su fin; pero, en vez del temido verdugo, aparecieron unos trabajadores sudorosos y, como diligentes hormigas, cavaron trincheras alrededor de cada árbol, hasta desprenderlo del suelo. Los esbeltos árboles aferraban puñados de tierra seca con sus delgadas raíces. Las grúas se llevaron las palmeras heridas hasta unos hoyos, que los jardineros habían preparado en otro lugar, y allí las plantaron. Los troncos gimieron sordamente, las hojas se cayeron en hilachas amarillas y por un tiempo parecía que nada podría salvarlas de tanta agonía, pero son criaturas tenaces. Una lenta rebelión subterránea fue extendiendo la vida, los tentáculos vegetales se abrieron paso, mezclando los restos de tierra de la calle Cueto con el nuevo suelo. En una primavera inevitable amanecieron las palmeras agitando sus pelucas y contorneando la cintura, vivas y renovadas, a pesar de todo. La imagen de esos árboles de la casa de mis antepasados me viene con frecuencia a la mente cuando pienso en mi destino de desterrada. Mi suerte es andar de un sitio para otro y adaptarme a nuevos suelos. Creo que lo logro porque tengo puñados de mi tierra en las raíces y siempre los llevo conmigo. En todo caso, el periodista japonés que fue al fin del mundo a fotografiar una mansión de novela regresó a su patria con las manos vacías.

La casa de mi abuelo era igual a las de mis tíos y a la de cualquier otra familia de un medio similar. Los chilenos no se caracterizan por la originalidad: por dentro sus casas son todas más o menos iguales. Me dicen que ahora los ricos contratan decoradores y compran hasta las llaves de los baños en el extranjero, pero en aquellos tiempos nadie había oído hablar de decoración interior. En el salón, barrido por inexplicables corrientes de aire, había cortinajes de felpa color sangre de toro, lámparas de lágrimas, un desafinado piano de cola y un gran reloj de bulto, negro como un ataúd, que marcaba las horas con campanazos fúnebres. También había dos horrendas figuras de porcelana francesa de unas damiselas con pelucas empolvadas y unos caballeros de tacones altos. Mis tíos las usaban para afinar los reflejos: se las lanzaban por la cabeza unos a otros, con la vana esperanza de que cayeran al suelo y se hicieran pedazos. La casa estaba habitada por humanos excéntricos, mascotas medio salvajes y algunos fantasmas amigos de mi abuela, quienes la habían seguido desde la mansión de la calle Cueto y que, incluso después de su muerte, siguieron rondándonos.

Mi abuelo Agustín era un hombre sólido y fuerte como un guerrero, a pesar de que nació con una pierna más corta que la otra. Nunca se le pasó por la mente consultar a un médico por ese asunto, prefería a un «componedor». Se trataba de un ciego que arreglaba las patas de los caballos accidentados en el Club Hípico y sabía más de huesos que cualquier traumatólogo. Con el tiempo la cojera de mi abuelo empeoró, le dio artritis y se le deformó la columna vertebral, de modo que cada movimiento era un suplicio, pero nunca lo oí quejarse de sus dolores o sus problemas, aunque como cualquier chileno que se respete, se quejaba de todo lo demás. Aguantaba el tormento de su pobre esqueleto con puñados de aspirinas y largos tragos de agua. Después supe que no era agua inocente, sino ginebra, que bebía como un pirata, sin que le afectara la conducta o la salud. Vivió casi un siglo sin perder ni un solo tornillo de su cerebro. El dolor no lo disculpaba de sus deberes de caballerosidad y hasta el fin de sus días, cuando era sólo un atado de huesos y pellejo, se levantaba trabajosamente de su silla para saludar y despedir a las señoras.

Sobre mi mesa de trabajo tengo su fotografía. Parece un campesino vasco. Está de perfil, con una boina negra en la cabeza, que acentúa su nariz de águila y la expresión firme de su rostro marcado de caminos. Envejeció armado por la inteligencia y reforzado por la experiencia. Murió con una mata de pelo blanco y su mirada azul tan perspicaz como en la juventud. ¡Qué difícil es morirse!, me dijo un día, cuando ya estaba muy cansado del dolor de huesos. Hablaba en proverbios, sabía cientos de cuentos populares y recitaba de memoria largos poemas. Este hombre formidable me dio el don de la disciplina y el amor por el lenguaje, sin los cuales hoy no podría dedicarme a la escritura. También me enseñó a observar la naturaleza y amar el paisaje de Chile. Decía que, tal como los romanos viven entre estatuas y fuentes sin percatarse de ellas, los chilenos vivimos en el país más deslumbrante del planeta sin apreciarlo. No percibimos la quieta presencia de las montañas nevadas, los volcanes dormidos y los cerros inacabables que nos cobijan en monumental abrazo; no nos sorprende la espumante furia del Pacífico estrellándose en las costas, ni los quietos lagos del sur y sus sonoras cascadas; no veneramos como peregrinos la milenaria naturaleza de nuestro bosque nativo, los paisajes lunares del norte, los fecundos ríos araucanos, o los glaciares azules donde el tiempo se ha trizado.

Estamos hablando de los años cuarenta y cincuenta... ¡cuánto he vivido, Dios mío! Envejecer es un proceso paulatino y solapado. A veces se me olvida el paso del tiempo, porque por dentro aún no he cumplido los treinta; pero inevitablemente mis nietos me confrontan con la dura verdad cuando me preguntan si en «mi época» había electricidad. Estos mismos nietos sostienen que hay un pueblo dentro de mi cabeza donde los personajes de mis libros viven sus historias. Cuando les cuento anécdotas de Chile creen que me refiero a ese pueblo inventado.

UN PASTEL DE MILHOJAS

¿Quiénes somos los chilenos? Me resulta difícil definirnos por escrito, pero de una sola mirada puedo distinguir a un compatriota a cincuenta metros de distancia. Además me los encuentro en todas partes. En un templo sagrado de Nepal, en la selva del Amazonas, en un carnaval de Nueva Orleans, sobre los hielos radiantes de Islandia, donde usted quiera, allí hay algún chileno con su inconfundible manera de caminar y su acento cantadito. Aunque a lo largo de nuestro delgado país estamos separados por miles de kilómetros, somos tenazmente parecidos; compartimos el mismo idioma y costumbres similares. Las únicas excepciones son la clase alta, que desciende sin muchas distracciones de europeos, y los indígenas, aymaras y algunos quechuas en el norte, y mapuches en el sur, que luchan por mantener sus identidades en un mundo donde hay cada vez menos espacio para ellos.

Crecí con el cuento de que en Chile no hay problemas raciales. No me explico cómo nos atrevemos a repetir semejante falsedad. No hablamos de racismo, sino de «sistema de clases» (nos gustan los eufemismos), pero son prácticamente la misma cosa. No sólo hay racismo y/o clasismo, sino que están enraizados como muelas. Quien sostenga que es cosa del pasado se equivoca de medio a medio, como acabo de comprobar en mi última visita, cuando me enteré que uno de los alumnos más brillantes de la Escuela de Leyes de la Universidad de Chile fue rechazado en un destacado bufete de abogados, porque «no calzaba con el perfil corporativo». En otra palabras, era mestizo y tenía un apellido mapuche. A los clientes de la firma no les daría confianza ser representados por él; tampoco aceptarían que saliera con alguna de sus hijas. Tal como ocurre en el resto de América Latina, nuestra clase alta es relativamente blanca y mientras más se desciende en la empinada escala social, más acentuados son los rasgos indígenas. Sin embargo, a falta de otras referencias, la mayoría de los chilenos nos consideramos blancos; fue una sorpresa para mí descubrir que en Estados Unidos soy «persona de color». (En una ocasión, en la cual debí llenar un formulario de inmigración, me abrí la blusa para mostrarle mi color a un funcionario afroamericano, quien pretendía colocarme en la última categoría racial de su lista: «Otra». Al hombre no le pareció divertido.)

Aunque no quedan muchos indios puros —más o menos un diez por ciento de la población— su sangre corre por las venas de nuestro pueblo mestizo. Los mapuches son por lo general de baja estatura, piernas cortas, tronco largo, piel morena, pelo y ojos oscuros, pómulos marcados. Sienten una desconfianza atávica —y justificada— contra los no indios, a quienes llaman «huincas», que no significa «blancos», sino «ladrones de tierra». Estos indios, divididos en varias tribus, contribuyeron fuertemente a forjar el carácter nacional, aunque antes nadie que se respetara admitía ni la menor asociación con ellos; tenían fama de borrachos, perezosos y ladrones. No es ésa la opinión de don

Alonso de Ercilla y Zúñiga, notable soldado y escritor español, quien estuvo en Chile a mediados del siglo XVI y escribió *La Araucana*, un largo poema épico sobre la conquista española y la feroz resistencia de los indígenas. En el prólogo se dirige al rey, su señor, diciendo de los araucanos que: «... con puro valor y porfiada determinación hayan redimido y sustentado su libertad, derramando en sacrificio de ella tanta sangre, así suya como de españoles, que con verdad se puede decir, haber pocos lugares que no estén de ella teñidos, y poblados de huesos ... Y es tanta la falta de gente, por la mucha que ha muerto en esta demanda, que para hacer más cuerpo y henchir los escuadrones vienen también las mujeres a la guerra, y peleando algunas veces como varones, se entregan con grande ánimo a la muerte».

En los últimos años algunas tribus mapuches se han sublevado y el país no puede ignorarlos por más tiempo. En realidad los indios están de moda. No faltan intelectuales y ecologistas que andan buscando algún antepasado con lanza para engalanar su árbol genealógico; un heroico indígena en el árbol familiar viste mucho más que un enclenque marqués de amarillentos encajes, debilitado por la vida cortesana. Confieso que he intentado adquirir un apellido mapuche para ufanarme de un bisabuelo cacique, tal como antes se compraban títulos de nobleza europea, pero hasta ahora no me ha resultado. Sospecho que así obtuvo mi padre su escudo de armas: tres perros famélicos en un campo azul, según recuerdo. El escudo en cuestión permaneció escondido en el sótano y jamás se mencionaba, porque los títulos de nobleza fueron abolidos al declararse la independencia de España y no hay nada tan ridículo en Chile como tratar de pasar por noble. Cuando trabajaba en las Naciones Unidas tuve por jefe a un conde italiano de verdad, quien debió cambiar sus tarjetas de visita ante las carcajadas que provocaban sus blasones. Los jefes indígenas se ganaban el puesto con proezas sobrehumanas de fuerza y valor. Se echaban un tronco de aquellos bosques inmaculados a la espalda y quien aguantara su peso por más horas se convertía en *toqui*. Como si eso no fuera suficiente, recitaban sin pausa ni respiro un discurso improvisado, porque además de probar su capacidad física, debían convencer con la coherencia y belleza de sus palabras. Tal vez de allí nos viene el vicio antiguo de la poesía... La autoridad del triunfador no volvía a cuestionarse hasta el próximo torneo. Ninguna tortura inventada por los ingeniosos conquistadores españoles, por espantosa que fuera, lograba desmoralizar a aquellos héroes oscuros, que morían sin un quejido empalados en una lanza, descuartizados por cuatro caballos, o quemados lentamente sobre un brasero. Nuestros indios no pertenecían a una cultura espléndida, como los aztecas, mayas o incas; eran hoscos, primitivos, irascibles y poco numerosos, pero tan corajudos, que estuvieron en pie de guerra durante trescientos años, primero contra los colonizadores españoles y luego contra la república. Fueron pacificados en 1880 y no se oyó hablar mucho de ellos por más de un siglo, pero ahora los mapuches —«gente de la tierra»— han vuelto a la lucha para defender las pocas tierras que les quedan, amenazadas por la construcción de una represa en el río Bío Bío.

Las manifestaciones artísticas y culturales de nuestros indios son tan sobrias como todo lo demás producido en el país. Tiñen sus tejidos en tonos vegetales: marrón, negro, gris, blanco; sus instrumentos musicales son lúgubres como canto de ballenas; sus danzas son pesadas, monótonas y tan tenaces, que a la larga hacen llover; su artesanía es hermosa, pero no posee la exuberancia y variedad de las de México, Perú o Guatemala.

Los aymaras, «hijos del sol», muy diferentes a los mapuches, son los mismos de Bolivia, que van y vienen ignorando las fronteras, porque esa región ha sido suya desde siempre. Son de carácter afable y, aunque mantienen sus costumbres, su lengua y sus creencias, se han integrado a la cultura de los blancos, sobre todo en lo que se refiere al comercio. En eso difieren de algunos grupos de indígenas quechuas en las zonas más aisladas de la sierra peruana, para los cuales el gobierno es el enemigo, igual que en tiempos de la colonia; la guerra de independencia y la creación de la República del Perú no han modificado su existencia.

Los desafortunados indios de Tierra del Fuego, en el extremo sur de Chile, perecieron a bala y de epidemias hace mucho; de aquellas tribus sólo queda un puñado de alacalufes. A los cazadores les pagaban una recompensa por cada par de orejas que traían como prueba de haber matado un indio; así los colonos desalojaron la región. Eran unos gigantes que vivían casi desnudos en un territorio de hielos inclementes, donde sólo las focas pueden sentirse cómodas.

A Chile no trajeron sangre africana, que nos hubiera dado ritmo y color; tampoco llegó, como a Argentina, una fuerte inmigración italiana, que podría habernos hecho extrovertidos, vanidosos y alegres; ni siquiera llegaron suficientes asiáticos, como al

Perú, que habrían compensado nuestra solemnidad y condimentado nuestra cocina; pero estoy segura de que si de los cuatro puntos cardinales hubieran convergido entusiastas aventureros a poblar nuestro país, las orgullosas familias castellano-vascas se las habrían arreglado para mezclarse lo menos posible, salvo que fueran europeos del norte. Hay que decirlo: nuestra política de inmigración ha sido abiertamente racista. Por mucho tiempo no se aceptaban asiáticos, negros ni muy tostados. A un presidente del siglo XIX se le ocurrió traer alemanes de la Selva Negra y asignarles tierras en el sur, que por supuesto no eran suyas, pertenecían a los mapuches, pero nadie se fijó en aquel detalle, salvo los legítimos propietarios. La idea era que la sangre teutónica mejoraría a nuestro pueblo mestizo, inculcándole espíritu de trabajo, disciplina, puntualidad y organización. La piel cetrina y el pelo tieso de los indios eran mal vistos; unos cuantos genes germanos no nos vendrían mal, pensaban las autoridades de entonces. Se esperaba que los inmigrantes se casaran con chilenos y de la mezcla saliéramos ganando los humildes nativos, lo cual ocurrió en Valdivia y Osorno, provincias que hoy pueden hacer alarde de hombres altos, mujeres pechugonas, niños de ojos azules y el más auténtico *strudel* de manzana. El prejuicio del color todavía es tan fuerte, que basta que una mujer tenga el pelo amarillo, aunque vaya acompañado por una cara de iguana, para que se vuelvan a mirarla en la calle. A mí me descoloraron el cabello desde la más tierna infancia con un líquido de fragancia dulzona llamado Bayrum; no hay otra explicación para el milagro de que las mechas negras con que nací se transformaran antes de seis meses en angelicales rizos de oro. Con mis hermanos no fue necesario recurrir a tales extremos porque uno era crespo y el otro rubio. En todo caso, los emigrantes de la Selva Negra han sido muy influyentes en Chile y, según la opinión de muchos, rescataron el sur de la barbarie y lo convirtieron en el paraíso espléndido que hoy es.

Después de la Segunda Guerra Mundial llegó una oleada diferente de alemanes a refugiarse en Chile, donde existía tanta simpatía por ellos, que nuestro gobierno no se unió a los Aliados hasta última hora, cuando fue imposible permanecer neutral. Durante la guerra el partido nazi chileno desfilaba con uniformes pardos, banderas con esvásticas y el brazo en alto. Mi abuela corría al lado lanzándoles tomates. Esta dama era una excepción, porque en Chile la gente era tan antisemita, que la palabra «judío» era una grosería; tengo amigos a los cuales les lavaban la boca con agua y jabón si se atrevían a pronunciarla. Para referirse a ellos se decía «israelitas» o «hebreos», y casi siempre en un susurro. Todavía existe la misteriosa colonia Dignidad, un campamento nazi completamente cerrado, como si fuera una nación independiente, que ningún gobierno ha logrado desmantelar porque se supone que cuenta con la solapada protección de las Fuerzas Armadas. En tiempos de la dictadura (1973-1989) fue un centro de tortura usado por los servicios de inteligencia. En la actualidad su jefe se encuentra prófugo de la justicia, acusado de violación de menores y otros delitos. Los campesinos de los alrededores, sin embargo, les tienen simpatía a estos supuestos nazis, porque mantienen un excelente hospital, que ponen al servicio de la población. A la entrada de la colonia hay un restaurante alemán, donde se ofrece la mejor pastelería de la zona, servido por unos extraños hombres rubios llenos de tics faciales, que responden con monosílabos y tienen ojos de lagarto. Esto no lo he comprobado, me lo contaron.

Durante el siglo XIX llegaron ingleses en buen número y controlaron el transporte marítimo y de ferrocarriles, así como el comercio de importación y exportación. Algunos de sus descendientes de tercera o cuarta generación, que jamás pisaron Inglaterra, pero la llamaban *home*, tenían a mucha honra hablar castellano con acento y enterarse de las noticias por periódicos atrasados que venían de allá. Mi abuelo, quien tuvo muchos negocios con compañías que criaban ovejas en la Patagonia para la industria textil británica, contaba que nunca firmó un contrato; la palabra dicha y un apretón de manos eran más que suficientes. Los ingleses —«gringos», como llamamos genéricamente a cualquiera de pelo rubio o cuya lengua materna sea el inglés— crearon colegios, clubes y nos enseñaron varios juegos de lo más aburridos, incluyendo el bridge.

A los chilenos nos gustan los alemanes por las salchichas, la cerveza y el casco prusiano, además del paso de ganso que nuestros militares adoptaron para desfilar; pero en realidad procuramos imitar a los ingleses. Los admiramos tanto, que nos creemos los ingleses de América Latina, tal como consideramos que los ingleses son los chilenos de Europa. En la ridícula guerra de las Malvinas (1982) en vez de apoyar a los argentinos, que son nuestros vecinos, apoyamos a los británicos, a partir de lo cual la primera ministra, Margaret Thatcher, se convirtió en amiga del alma del siniestro general Pinochet. América Latina nunca nos perdonará semejante mal paso. Sin duda tenemos algunas cosas en común con los hijos de la rubia Albión: individualismo, buenos modales, sentido del *fair play,* clasismo, austeridad y mala dentadura. (La austeridad británica no incluye, claro está, a la realeza, que es al espíritu inglés lo que Las Vegas es al desierto de Mojave.) Nos fascina la excentricidad de la cual los británicos suelen hacer alarde, pero no somos capaces de imitarla, porque tenemos demasiado temor al ridículo; en cambio intentamos copiarles su aparente autocontrol. Digo aparente, porque en ciertas circunstancias, como por ejemplo un partido de fútbol, los ingleses y los chilenos por igual pierden la cabeza y son capaces de descuartizar a sus contrincantes. Del mismo modo, a pesar de su fama de ecuánimes, ambos pueden ser de una crueldad feroz. Las atrocidades cometidas por los ingleses a lo largo de su historia equivalen a las que cometen los chilenos apenas cuentan con un buen pretexto e impunidad. Nuestra historia está salpicada de muestras de barbarie. No en vano el lema de la patria es «por la razón o la fuerza», una frase que siempre me ha parecido particularmente estúpida. Durante los nueve meses de la revolución de 1891 murieron más chilenos que durante los cuatro años de la guerra contra Perú y Bolivia (1879-1883), muchos de ellos baleados por la espalda o torturados, otros lanzados al mar con piedras atadas a los tobillos. El método de hacer desaparecer a los enemigos ideológicos, que tanto aplicaron las diversas dictaduras latinoamericanas durante los años setenta y ochenta del siglo XX, ya se practicaba en Chile casi un siglo antes. Esto no quita que nuestra democracia fuera la más sólida y antigua del continente.

Nos sentíamos orgullosos de la eficacia de nuestras instituciones, de nuestros incorruptibles «carabineros», de la seriedad de los jueces y de que ningún presidente se enriqueció en el poder; al contrario, a menudo salía del Palacio de la Moneda más pobre de lo que entraba. A partir de 1973 no volvimos a jactarnos de esas cosas.

Además de ingleses, alemanes, árabes, judíos, españoles e italianos, arribaron a nuestras orillas inmigrantes de Europa Central, científicos, inventores, académicos, algunos verdaderos genios, a quienes llamamos sin distinción de clases «yugoslavos».

Después de la guerra civil en España, llegaron refugiados escapando de la derrota. En 1939 el poeta Pablo Neruda, por encargo del gobierno chileno, fletó un barco, el *Winnipeg*, que zarpó de Marsella con un cargamento de intelectuales, escritores, artistas, médicos, ingenieros, finos artesanos. Las familias pudientes de Santiago acudieron a Valparaíso a recibir el barco para ofrecer hospitalidad a los viajeros. Mi abuelo fue uno de ellos; en su mesa siempre hubo un puesto para los amigos españoles que llegaran de improviso. Yo aún no había nacido, pero me crié oyendo los cuentos de la guerra civil y las canciones salpicadas de palabrotas de aquellos apasionados anarquistas y republicanos. Esa gente sacudió la modorra colonial del país con sus ideas, sus artes y oficios, sus sufrimientos y pasiones, sus extravagancias. Uno de aquellos refugiados, un catalán amigo de mi familia, me llevó un día a ver una linotipia. Era un joven enjuto, nervioso, con perfil de ave furibunda, que no comía verduras porque las consideraba alimento de burros y vivía obsesionado con la idea de regresar a España cuando muriera Franco, sin sospechar que el hombre viviría cuarenta años más. Era tipógrafo de oficio y olía a una mezcla de ajo y tinta. Desde el último rincón de la mesa, yo lo veía comer sin apetito y despotricar contra Franco, las monarquías y los curas, sin que jamás sus ojos se volvieran en mi dirección, porque detestaba por igual a los niños y a los perros. Sorpresivamente, un día de invierno el catalán anunció que me llevaría de paseo, se envolvió en su larga bufanda y partimos en silencio. Llegamos a un edificio gris, cruzamos una puerta metálica y avanzamos por pasillos donde se apilaban enormes rollos de papel. Un ruido ensordecedor estremecía las paredes. Entonces lo vi transformarse, su paso se hizo liviano, le brillaban los ojos, sonreía. Por primera vez me tocó. Tomándome de la mano me condujo ante una máquina prodigiosa, una especie de locomotora negra, con todos sus mecanismos a la vista, destripada y rabiosa. Tocó sus clavijas y con un estruendo de guerra cayeron las matrices formando las líneas de un texto.

—Un maldito relojero alemán, emigrado a Estados Unidos, patentó esta maravilla en 1884 —me gritó al oído—. Se llama linotipia, *line of types*. Antes había que componer el texto colocando los tipos a mano, letra por letra.

—¿Por qué maldito? —pregunté también a gritos.

—Porque doce años antes mi padre inventó la misma máquina y la puso a funcionar en su patio, pero a nadie le importó un bledo —replicó.

El tipógrafo nunca regresó a España, se quedó manejando la máquina de palabras, se casó, le cayeron hijos del cielo, aprendió a comer verduras y adoptó varias generaciones de perros callejeros. Me dejó para siempre el recuerdo de la linotipia y el gusto por el olor de tinta y papel.

En la sociedad donde nací, allá por los años cuarenta, existían fronteras infranqueables entre las clases sociales. Esas fronteras hoy son más sutiles, pero allí están, eternas como la gran muralla de China. Ascender en la escala social antes era imposible, bajar era más frecuente, a veces bastaba cambiarse de barrio o casarse mal, como se decía no de quien lo hacía con un villano o una desalmada, sino por debajo de su clase. El dinero pesaba poco. Tal como no se descendía de clase por empobrecerse, tampoco se subía por amasar una fortuna, como pudieron comprobar árabes y judíos que, por mucho que se enriquecieran, no eran aceptados en los círculos exclusivos de la «gente bien». Con este término se designaban a sí mismos quienes se encontraban en la parte superior de la pirámide social (dando por sentado, supongo, que los demás eran «gente mala»).

Los extranjeros rara vez se dan cuenta de cómo funciona este chocante sistema de clases, porque en todos los medios el trato es amable y familiar. El peor epíteto contra los militares que se tomaron el gobierno en los años setenta era «rotos alzados». Opinaban mis tías que no había nada más *kitsch* que ser pinochetista; no lo decían como crítica a la dictadura, con la cual estaban plenamente de acuerdo, sino por clasismo. Ahora pocos se atreven a emplear la palabra «roto» en público, porque cae pésimo, pero la mayoría la tiene en la punta de la lengua. Nuestra sociedad es como un pastel milhojas, cada ser humano en su lugar y su clase, marcado por su nacimiento. La gente se presentaba —y todavía es así en la clase alta— con sus dos apellidos, para establecer su identidad y procedencia. Los chilenos tenemos el ojo bien entrenado para determinar la clase a la cual pertenece una persona por el aspecto físico, el color de la piel, los manierismos y, especialmente, por la forma de hablar. En otros países el acento varía de un lugar a otro, en Chile cambia según el estrato social. Normalmente también podemos adivinar de inmediato la subclase; subclases hay como treinta, según los distintos niveles de chabacanería, arribismo, cursilería, plata recién adquirida, etc. Se sabe, por ejemplo, dónde pertenece una persona según el balneario donde veranea.

El proceso de clasificación automática que ponemos en práctica los chilenos al conocernos tiene un nombre: «ubicarse» y equivale a lo que hacen los perros cuando se huelen el trasero mutuamente. Desde 1973, año del golpe militar que cambió muchas cosas en el país, el «ubicarse» se complicó un poco, porque también hay que adivinar en los primeros tres minutos de conversación si el interlocutor estuvo a favor o en contra de la dictadura. En la actualidad muy pocos se confiesan a favor, pero de todos modos conviene averiguar cuál es la posición política de cada quien antes de emitir alguna opinión contundente. Lo mismo ocurre entre los chilenos que viven en el extranjero, donde la pregunta de rigor es cuándo salió del país; si fue antes de 1973 quiere decir que es de derecha y escapó del socialismo de Salvador Allende; si salió entre 1973 y 1978 seguro es refugiado político; pero después de esa fecha puede ser «exiliado económico», como se califican a los que emigraron en busca de oportunidades de trabajo. Sin embargo, es más difícil determinarlo entre los que se quedaron en Chile, en parte porque se acostumbraron a callar sus opiniones.

SIRENAS MIRANDO AL MAR

Al compatriota que regresa nadie le pregunta dónde estuvo ni qué vio; al extranjero que llega de visita le informamos de inmediato que nuestras mujeres son las más bellas del mundo, nuestra bandera ganó un misterioso concurso internacional y nuestro clima es idílico. Juzgue usted: la bandera es casi igual a la de Texas y lo más notable de nuestro clima es que mientras hay sequía en el norte, seguro que hay inundaciones en el sur. Y cuando digo inundaciones, me refiero a diluvios bíblicos que dejan un saldo de centenares de muertos, millares de damnificados y la economía en ruina, pero sirven para reactivar el mecanismo de la solidaridad, que suele atascarse en tiempos normales. A los chilenos nos encanta el estado de emergencia. En Santiago la temperatura es peor que en Madrid, en verano nos morimos de calor y en invierno de frío, pero nadie tiene aire acondicionado o una calefacción decente, porque no pueden pagarlos y además sería admitir que el clima no es tan bueno como dicen. Cuando el aire se pone demasiado agradable, es signo seguro de que va a temblar. Contamos más de seiscientos volcanes, algunos donde todavía se mantiene tibia la lava de antiguas erupciones; otros de poéticos nombres mapuches: Pirepillán, el demonio de las nieves; Petrohué, lugar de brumas. De vez en cuando estos gigantes dormidos se sacuden en sueños con un largo bramido, entonces el mundo parece como si se fuera a acabar. Dicen los expertos en terremotos que tarde o temprano Chile desaparecerá sepultado en lava o arrastrado al fondo del mar por una ola de esas que suelen levantarse furiosas en el Pacífico, pero espero que esto no desaliente a los turistas potenciales, porque la posibilidad de que ocurra justamente durante su visita es bastante remota.

Lo de la hermosura femenina requiere comentario aparte. Es un conmovedor piropo a nivel nacional. La verdad es que nunca he oído en el extranjero que las chilenas sean tan espectaculares como mis amables compatriotas aseguran. No son mejores que las venezolanas, que ganan todos los concursos internacionales de belleza, o las brasileras, que pavonean sus curvas de mulata en las playas, por mencionar sólo un par de nuestras rivales; pero según la mitología popular, desde tiempos inmemoriales los marineros desertan de los buques, atrapados por las sirenas de cabello largo que esperan oteando el mar en nuestras playas. Esta monumental lisonja de nuestros hombres es tan halagadora, que por ella las mujeres estamos dispuestas a perdonarles muchas cosas. ¿Cómo negarles algo si nos hallan lindas? Si algo de verdad hay en esto, tal vez la atracción consiste en una mezcla de fortaleza y coquetería que pocos hombres pueden resistir, según dicen, aunque no ha sido en absoluto mi caso. Me cuentan los amigos que el juego amoroso de miradas, de subentendidos, de dar rienda y luego aplicar los frenos, es lo que los enamora, pero supongo que eso no se inventó en Chile, lo importamos de Andalucía.

Trabajé por varios años en una revista femenina por donde

pasaron las modelos más solicitadas y las candidatas al concurso de Miss Chile. Las modelos eran por lo general tan anoréxi-
cas, que permanecían la mayor parte del tiempo inmóviles y con
la vista fija, como tortugas, lo cual resultaba muy atrayente, porque cualquier hombre que se les pusiera por delante podía imaginar que estaban embobadas mirándolo a él. Estas bellezas
parecían turistas; por sus venas corría sin excepción sangre europea: eran altas, delgadas, de piel y cabello claros. Así no es la
chilena típica, la que se ve por la calle, mujer mestiza, morena
y más bien baja, aunque debo admitir que las nuevas generaciones han crecido. Los jóvenes de hoy me parecen altísimos (claro que yo mido un metro cincuenta...). Casi todos los personajes femeninos de mis novelas están inspirados en las chilenas,
que conozco bien, porque trabajé con ellas y para ellas durante
varios años. Más que las señoritas de la clase alta, con sus piernas largas y sus melenas rubias, me impresionan las mujeres del
pueblo, maduras, fuertes, trabajadoras, terrenales. En la juventud
son amantes apasionadas y después son el pilar de su familia,
buenas madres y buenas compañeras de hombres que a menudo
no las merecen. Bajo sus alas albergan a los hijos propios y ajenos, amigos, parientes, allegados. Viven cansadas y al servicio
de los demás, siempre postergándose, las últimas entre los últimos, trabajan sin tregua y envejecen prematuramente, pero no
pierden la capacidad de reírse de sí mismas, el romanticismo
para desear que su compañero sea otro y una llamita de rebel-
día en el corazón. La mayoría tiene vocación de mártir: son las
primeras en levantarse a servir a la familia y las últimas en acostarse; les enorgullece sufrir y sacrificarse. ¡Con qué gusto sus-

piran y lloran contándose mutuamente los abusos del marido y los hijos!

Las chilenas se visten con sencillez, casi siempre de pantalones, llevan el cabello suelto y usan muy poco maquillaje. En la playa o en una fiesta andan todas iguales, parecen clones. Me he puesto a hojear revistas antiguas, desde finales de los sesenta hasta hoy, y veo que en este sentido han cambiado muy poco en cuarenta años; creo que la única diferencia es el volumen del peinado. A ninguna le falta un «vestidito negro», sinónimo de elegancia, que con pocas variaciones las acompaña desde la pubertad hasta el ataúd. Una de las razones por las cuales no vivo en Chile es porque no tendría qué ponerme. Mi ropero contiene suficientes velos, plumas y brillos como para ataviar al elenco completo de *El lago de los cisnes*; además me he pintado el pelo de cada color al alcance de la química y jamás he salido del baño sin maquillaje en los ojos. Hacer dieta permanentemente es un símbolo de estatus entre nosotras, a pesar de que en varias encuestas los hombres entrevistados usan términos como «blandita, curvilínea, que tenga donde agarrarse», para describir cómo prefieren a las mujeres. No les creemos: lo dicen para consolarnos... Por eso nos cubrimos las protuberancias con chalecos largos o blusones almidonados, al contrario de las caribeñas, que lucen con orgullo su abundancia pectoral con escotes y la posterior forrada en *spandex* fluorescente. Mientras más plata tiene una mujer, menos come: la clase alta se distingue por la flacura. En todo caso, la belleza es una cuestión de actitud. Recuerdo una señora que tenía la nariz de Cyrano de Bergerac. En vista de su poco éxito en Santiago, se fue a París y al poco tiempo salió fotografiada en ocho páginas a color en la más sofisticada revista de moda, con un turbante en la cabeza y... ¡de perfil! Desde entonces aquella dama a una nariz pegada pasó a la posteridad como símbolo de la tan cacareada belleza de la mujer chilena.

Algunos frívolos opinan que Chile es un matriarcado, engañados tal vez por la tremenda personalidad de las mujeres, que parecen llevar la voz cantante en la sociedad. Son libres y organizadas, mantienen su nombre de soltera al casarse, compiten mano a mano en el campo del trabajo y no sólo manejan sus familias, sino que con frecuencia también las mantienen. Son más interesantes que la mayoría de los hombres, pero eso no quita que vivan en un patriarcado sin atenuantes. En principio el trabajo o el intelecto de una mujer no se respeta; nosotras debemos hacer el doble de esfuerzo que cualquier hombre para obtener la mitad de reconocimiento. ¡Ni qué decir en el campo de la literatura! Pero no vamos a hablar de eso, porque me sube la presión. Los hombres tienen el poder económico y político, que se pasan de uno a otro, como una carrera de postas, mientras las mujeres, salvo excepciones, quedan marginadas. Chile es un país machista: es tanta la testosterona flotando en el aire, que es un milagro que a las mujeres no les salgan pelos en la cara.

En México el machismo se vocifera hasta en las rancheras, pero entre nosotros es más disimulado, aunque no por eso menos perjudicial. Los sociólogos han trazado las causas hasta la conquista, pero como éste es un problema mundial, las raíces deben ser mucho más antiguas. No es justo culpar de todo a los españoles. De todos modos repetiré lo que he leído por ahí. Los indios araucanos eran polígamos y trataban a las mujeres con bastante rudeza; solían abandonarlas con los niños y partir en grupo en busca de otros terrenos de caza, donde formaban nuevas parejas y tenían más hijos, que luego también dejaban atrás. Las madres se hacían cargo de las crías como podían, costumbre que en cierta forma perdura en la psique de nuestro pueblo; las chilenas tienden a aceptar —aunque no a perdonar— el abandono del hombre, porque les parece un mal endémico, propio de la naturaleza masculina. Por su parte, la mayoría de los conquistadores españoles no trajeron a sus mujeres, sino que se aparearon con las indias, a quienes valoraban mucho menos que a un caballo. De esas uniones desiguales nacían hijas humilladas que a su vez serían violadas, e hijos que temían y admiraban al padre soldado, irascible, veleidoso, poseedor de todos los derechos, incluso el de la vida y la muerte. Al crecer se identificaban con él, jamás con la raza vencida de la madre. Algunos conquistadores llegaron a tener treinta concubinas, sin contar las mujeres que violaban y abandonaban en pocos minutos. La Inquisición se encarnizaba contra los mapuches por sus costumbres polígamas, pero hacía la vista gorda ante los serrallos de indias cautivas que acompañaban a los españoles, porque la multiplicación de mestizos significaba súbditos para la corona española y almas para la religión cristiana. De aquellos abrazos violentos proviene nuestro pueblo y hasta el día de hoy los hombres actúan como si estuvieran sobre su caballo mirando al mundo desde arriba, mandando, conquistando. Como teoría no está mal, ¿verdad?

Las chilenas son cómplices del machismo: educan a sus hijas para servir y a sus hijos para ser servidos. Mientras por una parte luchan por sus derechos y trabajan sin descanso, por otra atienden al marido y a los hijos varones, secundadas por sus hijas, a quienes les inculcan desde pequeñas sus obligaciones. Las chicas modernas se rebelan, por supuesto, pero apenas se enamoran repiten el esquema aprendido, confundiendo amor con servicio. Me entristece ver a esas muchachas espléndidas sirviendo a los novios como si éstos fueran inválidos. No sólo les ponen la comida en el plato, también se ofrecen para cortarles la carne. Me dan lástima porque yo era igual. Hace poco hubo un personaje cómico de la televisión que tuvo un gran éxito: un hombre vestido de mujer que imitaba a la esposa modelo. La pobre Elvira —así se llamaba— planchaba camisas, cocinaba platos complicadísimos, hacía las tareas de los niños, enceraba el piso a mano y, además, volaba a arreglarse antes de que llegara su hombre, para que no la hallara fea. No descansaba jamás y era culpable de todo. Incluso corría una maratón por la calle persiguiendo el autobús donde iba el marido, para entregarle el maletín que él había dejado atrás. El programa hacía reír a gritos a los hombres, pero las mujeres se molestaban tanto, que al final lo suprimieron: no les gustaba verse retratadas con tal fidelidad por la inefable Elvira.

Mi marido americano, que corre con la mitad de las labores domésticas en nuestra casa, se escandaliza con el machismo chileno. Cuando un hombre lava el plato que ha usado para comer, considera que «está ayudando» a su mujer o su madre, y espera ser celebrado por ello. Entre nuestras amistades chilenas siempre hay una mujer que lleva el desayuno en bandeja a la cama a los muchachos adolescentes, les lava la ropa y les tiende la cama. Si no hay una «nana», lo hace la madre o la hermana, cosa que jamás ocurriría en Estados Unidos. A Willie también le espanta la institución de la empleada doméstica. Prefiero no contarle que en décadas anteriores los deberes de estas mujeres solían ser bastante íntimos, aunque de eso jamás se hablaba: las madres hacían la vista ciega, mientras los padres se ufanaban de las proezas del joven en la pieza de servicio. Es «hijo de tigre», decían, recordando sus propias experiencias. La idea general era que, al desahogarse con la criada, el muchacho no se propasaba con alguna niña de su medio social y, en todo caso, estaba más seguro con ella que con una prostituta. En los campos existía una versión criolla del «derecho de pernada», que en tiempos feudales permitía al señor violar a las novias antes de su primera noche de casadas. Entre nosotros la cosa no era tan organizada: el patrón se acostaba con quien y cuando le daba la gana. Así sembraron sus tierras de bastardos; existen regiones donde prácticamente todo el mundo lleva el mismo apellido. (Uno de mis antepasados rezaba de rodillas después de cada violación: «Señor, no fornico por gusto o por vicio, sino por dar hijos a tu servicio…».) Hoy las «nanas» se han emancipado tanto, que las patronas prefieren contratar inmigrantes ilegales del Perú, a quienes todavía pueden maltratar como antes hacían con las chilenas.

En materia de educación y salud, las mujeres están a la par o por encima de los hombres, pero no así en lo que se refiere a oportunidades y poder político. Lo normal en el campo laboral es que ellas hagan el trabajo pesado y ellos manden. Pocas ocupan los puestos más altos del Gobierno, la industria, la empresa privada o la pública: topan con una lápida que les impide alcanzar la cima. Cuando alguna alcanza un nivel alto, digamos ministra en el Gobierno o gerente de un banco, es motivo de asombro y admiración. En los últimos diez años, sin embargo, la opinión pública tiene una percepción positiva de las mujeres como líderes políticos, las ve como una alternativa viable, porque han demostrado ser más honestas, eficientes y trabajadores que los hombres. ¡Vaya descubrimiento! Cuando ellas se organizan logran ejercer gran influencia, pero parecen no tener conciencia de su propia fuerza. Se dio el caso, durante el gobierno de Salvador Allende, que las mujeres de la derecha salieron a golpear cacerolas protestando por el desabastecimiento y a lanzar plumas de gallina en la Escuela Militar, llamando a los soldados a la subversión. Así contribuyeron a provocar el golpe militar. Años después, otras mujeres fueron las primeras en salir a la calle para denunciar la represión de los militares, enfrentando chorros de agua, palos y balas. Formaron un grupo poderoso llamado Mujeres por la Vida, que desempeñó un papel fundamental en el derrocamiento de la dictadura, pero después de la elección decidieron disolver el movimiento. Una vez más cedieron su poder a los varones.

Debo aclarar que las chilenas, tan poco agresivas para pelear por el poder político, son verdaderas guerreras en lo que se refiere al amor. Enamoradas son muy peligrosas. Y, hay que decirlo, se enamoran muchísimo. Según las estadísticas, el cincuenta y ocho por ciento de las casadas son infieles. Se me ocurre que a menudo las parejas se cruzan: mientras el hombre seduce a la esposa de su mejor amigo, su propia mujer retoza en el mismo motel con el buen amigo. En tiempos de la colonia, cuando Chile dependía del virreinato de Lima, llegó un cura dominico del Perú, enviado por la Inquisición, para acusar a unas señoras de la sociedad de practicar sexo oral con sus maridos (¿cómo lo averiguó?). El juicio no llegó a ninguna parte, porque las damas en cuestión no se dejaron apabullar. Esa noche mandaron a los maridos, quienes mal que mal también habían participado en el pecado, aunque a ellos nadie los juzgaba, a disuadir al inquisidor. Éstos lo sorprendieron en un callejón oscuro y sin más trámite lo caparon, como a un novillo. El pobre dominico volvió a Lima sin testículos y el asunto no volvió a mencionarse.

Sin llegar a tales extremos, tengo un amigo que no podía librarse de una amante apasionada y finalmente un día la dejó durmiendo siesta y salió escapando. Había empacado unas cuantas pertenencias en una mochila y corría por la calle detrás de un taxi, cuando sintió que un oso le caía encima por las espaldas, lanzándolo de bruces al suelo, donde quedó aplastado como una cucaracha: era la amante, quien había salido en su persecución completamente desnuda y dando alaridos. De las casas del barrio asomaron curiosos a gozar del espectáculo. Los hombres observaban divertidos, pero apenas otras mujeres comprendieron de qué se trataba ayudaron en la tarea de sujetar a mi escurridizo amigo. Por último lo llevaron en vilo entre varias de vuelta a la cama que había abandonado durante la siesta.

Puedo dar como trescientos ejemplos más, pero supongo que con éste basta.

A DIOS ROGANDO

Lo que acabo de contar sobre aquellas damas de la época colonial, que desafiaron a la Inquisición, es uno de esos momentos excepcionales en nuestra historia, porque en realidad el poder de la Iglesia católica es incuestionable y ahora, con el auge de los movimientos fundamentalistas católicos, como el Opus Dei y los Legionarios de Cristo, es mucho peor.

Los chilenos son religiosos, aunque su práctica tiene mucho más de fetichismo y superstición que de inquietud mística o conocimiento teológico. Nadie se dice ateo, ni los comunistas de pura cepa, porque ese término se considera un insulto, se prefiere la palabra agnóstico. Por lo general, hasta los más incrédulos se convierten en el lecho de muerte, ya que arriesgan mucho si no lo hacen y una confesión a última hora no le hace mal a nadie. Esta compulsión espiritual proviene de la tierra misma: un pueblo que vive entre montañas, lógicamente vuelve los ojos al cielo. Las manifestaciones de fe son impresionantes. Convocados por la Iglesia salen millares y millares de jóvenes en largas procesiones, con velas y flores, alabando a la Virgen María o pidiendo por la paz a voz en cuello, con el mismo entusiasmo con que en otros países chillan en los conciertos de rock. El rosario en familia y el mes de María solían tener un éxito rotundo, pero ahora las telenovelas han ganado más adeptos.

Por supuesto, nunca faltaron esotéricos en mi familia. Uno de mis tíos ha pasado setenta años de su vida predicando el encuentro con la nada; tiene muchos seguidores. Si en mi juventud yo le hubiera hecho caso, hoy no estaría estudiando budismo y tratando infructuosamente de pararme de cabeza en la clase de yoga. Aquella centenaria tía demente, disfrazada de monja, quien intentaba regenerar a las prostitutas de la calle Maipú, no le llegaba a los talones en materia de santidad a una hermana de mi abuela a la que le salieron alas. No eran alas con plumas áureas, como las de los ángeles renacentistas, que hubieran llamado la atención, sino discretos muñoncitos en los hombros, erróneamente diagnosticados por los médicos como deformación en los huesos. A veces, según por dónde le diera la luz, podíamos verle la aureola como un plato de luz flotando encima de su cabeza. He contado su historia en los *Cuentos de Eva Luna* y no es el caso repetirla; baste decir que, en contraste con la tendencia generalizada a quejarse por todo, característica de los chilenos, ella andaba siempre contenta, aunque tuvo un trágico destino. En otra persona esa actitud de injustificada felicidad habría sido imperdonable, pero en aquella mujer transparente se toleraba de lo más bien. Siempre he tenido su fotografía sobre mi mesa de trabajo, para reconocerla cuando entra disimuladamente en las páginas de un libro o se me aparece en algún rincón de la casa.

En Chile abundan santos de variados pelajes, lo cual no es raro, porque es el país más católico del mundo, más que Irlanda y ciertamente mucho más que el Vaticano. Hace algunos años tuvimos una doncella, muy parecida de facha a la estatua de San Sebastián el Mártir, quien realizaba notables curaciones. Le cayeron encima la prensa, la televisión y multitudes de peregrinos, que no la dejaban en paz a ninguna hora. Al ser examinada de cerca resultó ser un travesti, pero eso no le restó prestigio ni puso fin a los prodigios, por el contrario. Cada tanto despertamos con el anuncio de que otro santo o un nuevo Mesías ha hecho su aparición, lo cual siempre atrae esperanzadas multitudes. Me tocó hacer un reportaje en los años setenta, cuando trabajaba de periodista, sobre el caso de una muchacha a la cual se le atribuían profecías y el don de sanar animales y arreglar motores descompuestos sin tocarlos. La choza humilde donde vivía se llenaba de campesinos que acudían a diario, siempre a la misma hora, a presenciar aquellos discretos milagros. Aseguraban que una invisible lluvia de piedras se estrellaba sobre el techo de la choza con una sonajera de fin de mundo, la tierra temblaba y la chica caía en trance. Tuve oportunidad de asistir a un par de estos eventos y comprobé el trance, durante el cual la santa adquiría la descomunal fuerza física de un gladiador, pero no recuerdo que cayeran peñascos del cielo ni que se sacudiera el suelo. Es posible que, tal como explicó un predicador evangélico del lugar, eso no sucediera debido a mi presencia: yo era una descreída capaz de arruinar hasta el más legítimo milagro. En todo caso, el asunto salió en los periódicos y el interés popular por la santa fue subiendo de tono, hasta que llegó el ejército y le puso fin a su manera. La historia me sirvió diez años más tarde para incluirla en una de mis novelas.

Los católicos son mayoría en el país, aunque cada vez hay más evangélicos y pentecostales, que irritan a todo el mundo porque se entienden directamente con Dios, mientras que los demás deben pasar por la burocracia sacerdotal. Los mormones, que también son muchos y muy poderosos, ayudan a sus adeptos como una verdadera agencia de empleo, tal como antes hacían los miembros del partido radical. El resto son judíos, unos pocos musulmanes y, entre los de mi generación, espiritualistas de la Nueva Era, un cóctel de ecología, cristianismo, prácticas budistas, unos cuantos ritos recientemente rescatados de las reservas indígenas y el acompañamiento habitual de gurús, astrólogos, psíquicos y otros guías del alma. Desde que se privatizó el sistema de salud y los medicamentos son un negocio inmoral, la medicina folklórica y oriental, las *machis* o *meicas,* los chamanes indígenas, el herbario autóctono y las curaciones milagrosas han reemplazado en parte a la medicina tradicional, con iguales resultados. La mitad de mis amigos está en manos de algún psíquico que les dirige el destino y los mantiene sanos lavándoles el aura, imponiéndoles las manos o conduciéndolos en viajes astrales. La última vez que estuve en Chile me hipnotizó un amigo, que está estudiando para curandero, y me hizo retroceder varias encarnaciones. No resultó fácil regresar al presente, porque mi amigo todavía no había concluido el curso, pero el experimento valió la pena, porque descubrí que en vidas anteriores no fui Gengis Khan, como cree mi madre.

No he logrado sacudirme por completo la religión y ante cualquier apuro lo primero que se me ocurre es rezar, por si acaso, como hacen todos los chilenos, incluso los ateos, perdón, agnósticos. Digamos que necesito un taxi; la experiencia me ha demostrado que basta un padrenuestro para hacerlo aparecer. Hubo una época, entre la infancia y los quince años, en la cual alimenté la fantasía de ser monja, para disimular el hecho de que seguramente jamás conseguiría un marido, idea que no he descartado; aún me asalta la tentación de terminar mis días en la pobreza, el silencio y la soledad en una orden benedictina o en un monasterio budista. Las sutilezas teológicas no importan, lo que me gusta es el estilo de vida. A pesar de mi invencible frivolidad, la existencia monástica me parece atrayente. A los quince años me alejé para siempre de la Iglesia y adquirí horror por las religiones en general y las monoteístas en particular. No estoy sola en este predicamento, muchas mujeres de mi edad, guerrilleras de la liberación femenina, tampoco se sienten cómodas en las religiones patriarcales —¿hay alguna que no lo sea?— y han debido inventar sus propios cultos, aunque en Chile siempre tienen un tinte cristiano. Por animista que alguien se declare, siempre habrá una cruz en su casa o la llevará colgada al pecho. Mi religión, por si a alguien le interesa, se reduce a una pregunta simple: «¿Qué es lo más generoso que se puede hacer en ese caso?». Si la pregunta no se aplica, tengo otra: «¿Qué pensaría mi abuelo de esto?». Lo cual no quita que a la hora de una necesidad, me persigne.

Solía yo decir que Chile es un país fundamentalista, pero después de comprobar los excesos del Talibán, debo moderar mi juicio. Tal vez no somos fundamentalistas, pero poco nos falta. Hemos tenido la suerte, eso sí, de que a diferencia de lo que ocurre en otros países latinoamericanos, la Iglesia católica —con pocas lamentables excepciones— ha estado casi siempre del lado de los pobres, lo cual le ha ganado inmenso respeto y simpatía. En tiempos de la dictadura muchos curas y monjas asumieron la tarea de ayudar a las víctimas de la represión y lo pagaron caro. Como dijo Pinochet en 1979, «los únicos que andan llorando por restaurar la democracia en Chile son los políticos y uno o dos sacerdotes». (Ésa era la época en que, según los generales, Chile gozaba de una «democracia totalitaria».)

Las iglesias se llenan los domingos y el Papa es venerado, aunque casi nadie le hace caso en el tema de los anticonceptivos, porque se parte de la base que un anciano célibe, que no necesita ganarse la vida, no puede ser un experto en ese delicado asunto. La religión es colorida y ritualista. No tenemos carnavales, pero en cambio tenemos procesiones. Cada santo se distingue por su especialidad, como los dioses del Olimpo: para devolver la vista a los ciegos, para castigar maridos infieles, para encontrar novio, para protección de conductores de vehículos; pero el más popular es sin duda el Padre Hurtado, que no es santo todavía, pero todos esperamos que pronto lo sea, aunque el Vaticano no se caracteriza por la celeridad en sus decisiones. Este extraordinario sacerdote fundó una obra llamada El Hogar de Cristo, que hoy es una empresa multimillonaria dedicada por entero a ayudar a los pobres. El Padre Hurtado es tan milagroso, que rara vez le he pedido algo que no se haya cumplido, mediante el pago de una justa suma a sus obras de caridad o de algún sacrificio importante. Debo ser una de las pocas personas vivas que han leído los tres tomos completos de la eterna epopeya *La Araucana*, en verso rimado y español antiguo. No lo hice por curiosidad ni por presumir de culta, sino por cumplir una promesa al Padre

Hurtado. Sostenía este hombre de claro corazón que la crisis moral se produce cuando los mismos católicos que viven en la opulencia van a misa mientras niegan a sus trabajadores un salario digno. Estas palabras debieran grabarse en los billetes de mil pesos, para no olvidarlas nunca.

Existen también varias representaciones de la Virgen María, que son rivales entre sí; los fieles de la Virgen del Carmen, patrona de las Fuerzas Armadas, consideran inferiores a la Virgen de Lourdes o a La Tirana, sentimiento que se paga con iguales finezas por los devotos de éstas. A propósito de esta última, vale la pena mencionar que en verano se celebra su fiesta en un santuario cerca de la ciudad de Iquique, en el norte, donde los grupos de devotos bailan en su honor. Se parece un poco a la idea del carnaval brasilero, pero guardando las proporciones porque, como ya he dicho antes, en Chile no somos gente extrovertida. Las escuelas de baile se preparan todo el año ensayando las coreografías y fabricando el vestuario, y el día señalado danzan ante La Tirana disfrazados, por ejemplo, de Batman. Las muchachas se ponen escotes reveladores, minifaldas que apenas les tapan el trasero y botas con tacones altos. No es raro, por lo tanto, que la Iglesia no propicie estas demostraciones de fe popular.

Por si el numeroso y variopinto santoral no bastara, además contamos con una sabrosa tradición oral de espíritus malignos, intervenciones del demonio, muertos que se levantan de las tumbas. Mi abuelo juraba que se le apareció el diablo en un autobús y que lo reconoció porque tenía patas verdes de macho cabrío.

En Chiloé, un conjunto de islas en el sur del país, frente a Puerto Montt, se cuentan historias de hechiceras y monstruos maléficos; de la Pincoya, una hermosa doncella que sale del agua para atrapar a los hombres incautos; del Caleuche, un barco encantado que se lleva a los difuntos. En las noches de luna llena brillan luces indicando los sitios donde hay tesoros escondidos. Se dice que en Chiloé existió por mucho tiempo un gobierno de brujos, llamado la Recta Provincia, que se reunía en cuevas por las noches. Los guardianes de esas cuevas eran los «imbunches», pavorosas criaturas que se alimentan de sangre, a quienes los brujos les han quebrado los huesos y cosido los párpados y el ano. La imaginación chilena para la crueldad nunca deja de espantarme...

Chiloé tiene una cultura diferente a la del resto del país y la gente está tan orgullosa de su aislamiento, que se opone a la construcción de un puente para unir la isla grande a Puerto Montt. Es un lugar tan extraordinario, que todos los chilenos y los turistas debieran visitarlo al menos una vez, aun a riesgo de quedarse para siempre. Los chilotes viven como hace cien años, dedicados a la agricultura, la pesca artesanal y la industria del salmón. La construcción es íntegra de madera, y en el corazón de cada casa hay siempre una gran estufa a leña encendida día y noche para cocinar y dar calor a la familia, los amigos y enemigos reunidos a su alrededor. El olor de esas viviendas en invierno es un recuerdo imborrable: leña perfumada y ardiente, lana mojada, sopa en el caldero... Los chilotes fueron los últimos en plegarse a la república cuando Chile declaró su independencia de España y en 1826 pretendieron unirse a la corona de Inglaterra. Dicen que la Recta Provincia, atribuida a los brujos, fue en realidad un gobierno paralelo, en tiempos en que los habitantes se negaban a aceptar la autoridad de la república chilena.

Mi abuela Isabel no creía en brujas, pero no me extrañaría que alguna vez intentara volar en escoba, porque pasó su existencia practicando fenómenos paranormales y tratando de comunicarse con el Más Allá, actividad que en aquella época la Iglesia católica veía con muy malos ojos. De algún modo la buena señora se las arregló para atraer misteriosas fuerzas que movían la mesa en sus sesiones de espiritismo. Esa mesa está hoy en mi casa, después de haber dado la vuelta al mundo varias veces, siguiendo a mi padrastro en su carrera diplomática, y de haberse perdido durante los años del exilio. Mi madre la recuperó mediante un golpe de astucia y me la envió por avión a California. Habría sido más barato mandar un elefante, porque se trata de un pesado mueble español de madera tallada, con una pata formidable al centro, formada por cuatro leones feroces. Se necesitan tres hombres para levantarla. No sé cuál era el truco de mi abuela para hacerla bailar por la pieza rozándola levemente con su dedo índice. Esta señora convenció a su descendencia que después de su muerte vendría de visita cuando la llamaran y supongo que ha mantenido su promesa. No presumo que su fantasma, o cualquier otro, me acompañe a diario —supongo que tendrá asuntos más importantes que atender—, pero me gusta la idea de que esté dispuesto a acudir en caso de necesidad imperiosa.

Esa buena mujer sostenía que todos poseemos poderes psíquicos, pero como no los practicamos, se atrofian —como los músculos— y finalmente desaparecen. Debo aclarar que sus experimentos parapsicológicos nunca fueron una actividad macabra, nada de piezas oscuras, candelabros mortuorios ni música de órgano, como en Transilvania. La telepatía, la capacidad de mover objetos sin tocarlos, la clarividencia o la comunicación con las almas del Más Allá sucedían a cualquier hora del día y del modo más casual. Por ejemplo, mi abuela no confiaba en los teléfonos, que en Chile fueron un desastre hasta que se inventó el celular, y en cambio usaba telepatía para dictar recetas de tarta de manzana a las tres hermanas Morla, sus compinches de la Hermandad Blanca, quienes vivían al otro lado de la ciudad. Nunca pudieron comprobar si el método funcionaba porque las cuatro eran pésimas cocineras. La Hermandad Blanca estaba formada por esas excéntricas señoras y mi abuelo, quien no creía en nada de eso, pero insistía en acompañar a su mujer para protegerla en caso de peligro. El hombre era escéptico por naturaleza y nunca aceptó la posibilidad de que las almas de los muertos movieran la mesa, pero cuando su mujer sugirió que tal vez no eran ánimas, sino extraterrestres, él abrazó la idea con entusiasmo, porque le pareció una explicación más científica.

Nada de extraño hay en todo esto. Medio Chile se guía por el horóscopo, por adivinas o mediante los vagos pronósticos del *I Chin*, y la otra mitad se cuelga cristales al cuello o estudia *fengshui*. En el consultorio sentimental de la televisión resuelven los problemas con las cartas del Tarot. La mayor parte de los antiguos revolucionarios de la izquierda militante ahora están dedicados a prácticas espirituales. (Entre la guerrilla y el esoterismo hay un paso dialéctico que no logro precisar.) Las sesiones de mi abuela me parecen más razonables que las mandas a los santos, las compras de indulgencias para ganar el cielo, o las peregrinaciones de las beatas locales en buses atestados de gente. Muchas veces oí decir que mi abuela movía el azucarero sin tocarlo, sólo mediante su fuerza mental. Dudo si alguna vez vi esta proeza o si, de tanto oírla, he terminado por convencerme de que es cierta. No recuerdo el azucarero, pero me parece que había una campanilla de plata con un príncipe afeminado encima, que se usaba en el comedor para llamar al servicio entre plato y plato. No sé si he soñado el episodio, si lo he inventado o si en realidad sucedió: veo la campanilla deslizándose sobre el mantel silenciosamente, como si el príncipe hubiera cobrado vida propia, dar una vuelta olímpica, ante el estupor de los comensales, y regresar junto a mi abuela, en la cabecera de la mesa. Esto me ocurre con muchos eventos y anécdotas de mi existencia, que me parece haber vivido, pero que al ponerlos por escrito y confrontarlos con la lógica, resultan algo improbables, pero el problema no me inquieta. ¿Qué importa si en realidad sucedieron o si los he imaginado? De todos modos, la vida es sueño.

No heredé los poderes psíquicos de mi abuela, pero ella me abrió la mente a los misterios del mundo. Acepto que cualquier cosa es posible. Ella sostenía que existen múltiples dimensiones de la realidad y no es prudente confiar sólo en la razón y en nuestros limitados sentidos para entender la vida; existen otras herramientas de percepción, como el instinto, la imaginación, los sueños, las emociones, la intuición. Me introdujo al realismo mágico mucho antes que el llamado *boom* de la literatura latinoamericana lo pusiera de moda. Esto me ha servido en mi trabajo, porque enfrento cada libro con el mismo criterio con que ella conducía sus sesiones: llamando a los espíritus con delicadeza, para que me cuenten sus vidas. Los personajes literarios, como los aparecidos de mi abuela, son seres frágiles y asustadizos; deben ser tratados con prudencia, para que se sientan cómodos en las páginas.

Aparecidos, mesas que se mueven solas, santos milagrosos y diablos con las patas verdes en el transporte colectivo, hacen la vida y la muerte más interesantes. Las almas en pena no reconocen fronteras. Tengo un amigo en Chile que se despierta en las noches con la visita de unos africanos altos y flacos, vestidos con túnicas y armados de lanzas, que sólo él puede ver. Su mujer, que duerme a su lado, nunca ha visto a los africanos, sólo a dos señoras inglesas del siglo XIX que atraviesan las puertas. Y otra amiga mía, en cuya casa de Santiago se caían misteriosamente las lámparas y se volcaban las sillas, descubrió que la causa eran los huesos de un geógrafo danés, que desenterraron en el patio, junto a sus mapas y su libreta de notas. ¿Cómo llegó tan lejos el pobre muerto? Nunca lo sabremos, pero el hecho es que con rezarle varias novenas y decirle unas cuantas misas el infeliz geógrafo se fue. Parece que en vida era calvinista o luterano y no le gustaron los ritos papistas.

Mi abuela sostenía que el espacio está lleno de presencias, los muertos y los vivos, todos mezclados. Es una idea estupenda, por eso mi marido y yo hemos construido en el norte de California una casa grande, de techos altos, vigas y arcos, que invite a los fantasmas de varias épocas y latitudes, especialmente a los del sur. En un intento de imitar la casona de mis bisabuelos, la hemos deteriorado mediante la esforzada y dispendiosa labor de atacar las puertas a martillazos, manchar los muros con pintura, oxidar los hierros con ácido y pisotear las matas del jardín. El resultado es bastante convincente; creo que más de un ánima distraída puede instalarse entre nosotros, engañada por el aspecto de la propiedad. Durante el proceso de echarle siglos encima, los vecinos observaban desde la calle con la boca abierta, sin entender para qué construimos una casa nueva si queríamos una vieja. La razón es que en California no se da el estilo colonial chileno y, en todo caso, nada es realmente antiguo. No olvidemos que antes de 1849, San Francisco no existía, en su lugar había una aldea llamada Yerba Buena, poblada por un puñado de mexicanos y mormones, donde los únicos visitantes eran traficantes de pieles. Fue la fiebre del oro la que atrajo multitudes. Una casa con la apariencia de la nuestra es una imposibilidad histórica por estos lados.

EL PAISAJE DE LA INFANCIA

Es muy difícil determinar cómo es una familia chilena típica, pero puedo decir, sin temor a equivocarme, que la mía no lo era. Tampoco yo fui una típica señorita, de acuerdo a los cánones del medio en que me crié; escapé enjabonada, como quien dice. Describiré un poco mi juventud, a ver si en el proceso ilumino algunos aspectos de la sociedad de mi país, que en ese tiempo era bastante más intolerante que ahora, lo cual es mucho decir. La Segunda Guerra Mundial fue un cataclismo que sacudió al mundo y cambió todo, desde la geopolítica y la ciencia, hasta las costumbres, la cultura y el arte. Nuevas ideas barrieron sin contemplaciones aquellas que sostuvieron la sociedad durante los siglos anteriores, pero las innovaciones demoraban mucho en navegar por dos océanos o cruzar el muro infranqueable de la cordillera de los Andes. Todo llegaba a Chile con varios años de retraso.

Mi abuela clarividente murió súbitamente de leucemia. No luchó por vivir, se abandonó a la muerte con entusiasmo porque sentía una gran curiosidad por ver el cielo. Durante su existencia en este mundo tuvo la suerte de ser amada y protegida por su marido, quien aguantó de buen talante sus extravagancias, de otro modo tal vez hubiera terminado recluida en un asilo para orates.

He leído algunas cartas que dejó de su puño y letra, donde aparece como una mujer melancólica, con una fascinación morbosa por la muerte; sin embargo la recuerdo como un ser luminoso, irónico y pleno de gusto por la vida. Su ausencia se sintió como un viento de catástrofe, la casa entró en duelo y yo aprendí a tener miedo. Temía al diablo que se aparecía en los espejos, a los fantasmas que deambulaban por los rincones, a los ratones en el sótano, a que se muriera mi madre y yo fuera a dar a un orfelinato, a que apareciera mi padre —ese hombre cuyo nombre no se podía pronunciar— y me llevara lejos, a cometer pecados e irme al infierno, a las gitanas y los cucos con los cuales me amenazaba la niñera; en fin, la lista era interminable, existían razones de sobra para vivir aterrada.

Mi abuelo, furioso al verse abandonado por el gran amor de su vida, se vistió de negro de pies a cabeza, pintó los muebles del mismo color y prohibió fiestas, música, flores y postres. Pasaba el día en la oficina, almorzaba en el centro, cenaba en el club de la Unión y los fines de semana jugaba al golf y a la pelota vasca o se iba a las montañas a esquiar. Era uno de los que iniciaron ese deporte en los tiempos en que subir a las canchas era una odisea equivalente a escalar el Everest; nunca imaginó que un día Chile sería la meca de los deportes de invierno, donde se entrenan los equipos olímpicos del mundo entero. Sólo lo veíamos un minuto por la mañana muy temprano; sin embargo, fue definitivo en mi formación. Antes de irnos al colegio, mis hermanos y yo pasábamos a saludarlo; nos recibía en su habitación de muebles fúnebres, olorosa a un jabón inglés marca Lifebuoy. Jamás nos hizo un cariño —lo consideraba malsano—, pero una palabra suya de aprobación valía cualquier esfuerzo. Más tarde, como a los siete años, cuando empecé a leer el periódico y a hacer preguntas, notó mi presencia y entonces se inició una relación que habría de prolongarse mucho después de su muerte, porque hasta hoy llevo las huellas de su mano en mi carácter y me alimento de las anécdotas que me contó.

Mi infancia no fue alegre, pero sí interesante. No me aburría gracias a los libros de mi tío Pablo, quien entonces estaba todavía soltero y vivía con nosotros. Era un lector impenitente; sus volúmenes se apilaban en el suelo, cubiertos de polvo y telarañas. Robaba libros de las librerías y de sus amigos sin cargo de conciencia, porque consideraba que todo material impreso —menos el suyo— era patrimonio de la humanidad. Me permitía leerlos porque se propuso traspasarme su vicio de la lectura a cualquier costo: me regaló una muñeca cuando terminé de leer *La guerra y la paz*, un libro gordo con letra minúscula. No había censura en esa casa, pero mi abuelo no permitía las luces encendidas en mi habitación pasadas las nueve de la noche, por eso mi tío Pablo me regaló una linterna. Los mejores recuerdos de esos años son los libros que leí bajo las sábanas con mi linterna. Los niños chilenos leíamos las novelas de Emilio Salgari y Julio Verne, el Tesoro de la Juventud y colecciones de novelitas edificantes, que promovían la obediencia y la pureza como virtudes máximas; también la revista *El Peneca*, que se publicaba los miércoles de cada semana. Desde el martes yo la esperaba en la puerta, para impedir que cayera en manos de mis hermanos antes que en las mías. Eso lo devoraba como aperitivo, luego me zampaba platos más suculentos, como *Ana Karenina* y *Los mi-*

serables. De postre saboreaba cuentos de hadas. Esos libros estupendos me permitieron escapar de la realidad más bien sórdida de aquella casa en duelo, donde los niños, como los gatos, éramos un estorbo.

Mi madre, convertida en joven soltera, gracias a que pudo anular su matrimonio, y viviendo a la sombra de su padre, contaba con algunos admiradores, calculo que una o dos docenas. Además de bella, tenía ese aspecto etéreo y vulnerable de algunas muchachas de antes, completamente perdido en estos tiempos en que las féminas levantan pesas. Su fragilidad resultaba muy atrayente, porque hasta el más enclenque de los hombres se sentía fuerte a su lado. Era una de esas mujeres a quienes dan ganas de proteger, exactamente lo contrario de mí, que soy un tanque en plena marcha. En vez de vestirse de negro y llorar por el abandono de su frívolo marido, como se esperaba de ella, procuraba divertirse en la medida a su alcance, que era mínima, porque entonces las damas no podían ir a un salón de té solas, mucho menos al cine. La censura clasificaba las películas de algún interés como «no recomendables para señoritas», lo cual significaba que sólo podían verlas en compañía de un hombre de la familia, quien se responsabilizaba por el daño moral que el espectáculo pudiera provocar en la sensible psique femenina. Se han preservado algunas fotografías de esos años en las que mi madre aparece como una hermana menor de la actriz Ava Gardner. Poseía una belleza sin artificios: la piel luminosa, la risa fácil, facciones clásicas y una gran elegancia natural, razones sobradas

para que las malas lenguas no la dejaran en paz. Si sus platóni-
cos pretendientes espantaban a la mojigata sociedad santiaguina,
imagine usted el escándalo que se armó cuando se supo de sus
amores con un hombre casado, padre de cuatro hijos y sobrino de
un obispo.

Entre muchos candidatos, mi madre escogió al más feo de
todos. Ramón Huidobro parecía un sapo verde, pero con el beso
de amor se transformó en príncipe, como en el cuento, y ahora
puedo jurar que es guapo. Relaciones clandestinas habían exis-
tido siempre, en eso los chilenos somos expertos, pero de clandestino ese romance nada tenía y pronto fue un secreto a voces.
Ante la imposibilidad de disuadir a su hija o de impedir el escándalo, mi abuelo decidió salirle al paso y trajo al amante a vivir
bajo su techo, desafiando a la sociedad entera y a la Iglesia. El
obispo en persona vino a poner las cosas en su sitio, pero mi
abuelo lo condujo de un ala amablemente hacia la puerta, con el
argumento de que con sus pecados corría él y con los de su hija
también. Con el tiempo ese amante habría de convertirse en
mi padrastro, el incomparable *tío* Ramón, amigo, confidente, mi
único y verdadero padre; pero cuando llegó a vivir a nuestra casa
lo consideré mi enemigo y me propuse hacerle la vida imposible.
Cincuenta años más tarde él asegura que esto no es cierto, que
jamás le declaré la guerra; pero lo dice de puro noble, para ali-
viarme la conciencia, porque recuerdo muy bien mis planes de
darle una muerte lenta y dolorosa.

Chile es posiblemente el único país de la galaxia donde no
existe el divorcio, porque nadie se atreve a desafiar a los curas,
a pesar de que el setenta y uno por ciento de la población lo re-

95

clama desde hace mucho tiempo. Ningún parlamentario, ni siquiera los que se han separado de sus esposas y juntado con una
serie de otras mujeres en rápida sucesión, enfrenta a los curas. El
resultado es que la ley de divorcio duerme año tras año en el
archivo de asuntos pendientes y cuando finalmente se apruebe
tendrá tantas cortapisas y condiciones, que será más convenien-
te asesinar al cónyuge que divorciarse. Mi mejor amiga, cansada de esperar que saliera su nulidad matrimonial, consultaba a
diario los obituarios de la prensa con la esperanza de ver en ellos
el nombre de su marido. Nunca se atrevió a rezar para que el
hombre recibiera la muerte que merecía, pero si se lo hubiera
pedido buenamente al Padre Hurtado, sin duda éste la hubiera complacido. Los resquicios legales han servido por más de
cien años a millares de parejas para anular sus matrimonios. Así lo
hicieron mis padres. Bastaron la voluntad de mi abuelo y sus conexiones, para que mi padre desapareciera por obra de magia y
mi madre fuera declarada soltera con tres hijos ilegítimos, que
nuestra ley llama «putativos». Mi padre firmó los papeles sin
chistar, una vez que le aseguraron que no tendría que mantener
a sus chiquillos. La nulidad consiste en que una serie de testigos
falsos jura en vano frente a un juez, quien finge creer que lo que
le cuentan es cierto. Para obtener una nulidad se necesita por lo
menos un abogado, para quien el tiempo es oro, porque gana por
hora, de modo que no le conviene abreviar los trámites. El único requisito para que el abogado «saque» la nulidad es que la
pareja se ponga de acuerdo, porque si uno de los dos se niega a
participar en el engaño, como hizo la primera mujer de mi padrastro, no hay caso. El resultado es que hombres y mujeres se jun-

tan y se separan sin papeles de ninguna clase, como ha hecho la casi totalidad de la gente que conozco. Mientras escribo estas reflexiones, en el tercer milenio, la ley de divorcio aún sigue pendiente, a pesar de que el presidente de la República anuló su primer matrimonio y se volvió a casar. Al paso que vamos mi madre y el tío Ramón, que ya están en los ochenta y han vivido juntos bastante más de medio siglo, morirán sin poder legalizar su situación. Ya no les importa a ninguno de los dos y aunque pudieran, no se casarían; prefieren ser recordados como amantes de leyenda.

El tío Ramón trabajaba en el Ministerio de Relaciones Exteriores, como mi padre, y al poco tiempo de instalarse bajo el techo protector de mi abuelo en calidad de yerno ilegítimo, fue enviado en una misión diplomática a Bolivia. Eran los comienzos de los años cincuenta. Mi madre y nosotros, sus hijos, partimos tras él.

Antes de comenzar a viajar, yo estaba convencida de que todas las familias eran como la mía, que Chile era el centro del universo y que el resto de la humanidad tenía nuestro aspecto y hablaba castellano como primera lengua; el inglés y el francés eran asignaciones escolares, como la geometría. Apenas cruzamos la frontera tuve la primera sospecha de la vastedad del mundo y me di cuenta que nadie, absolutamente nadie, sabía cuán especial era mi familia. Aprendí rápido lo que se siente al ser rechazada. Desde el momento en que dejamos Chile y comenzamos a ir de un país a otro, me convertí en la niña nueva en el barrio, la extranjera en el colegio, la rara que se vestía diferente y ni siquiera podía hablar como los demás. No veía las horas de regresar a mi terreno conocido en Santiago, pero cuando finalmente eso ocurrió, varios años más tarde, tampoco me avine allí, porque había estado afuera demasiado tiempo. Ser extranjera, como lo he sido casi siempre, significa que debo esforzarme mucho más que los nativos, lo cual me ha mantenido alerta y me ha obligado a desarrollar flexibilidad para adaptarme a diversos ambientes. Esta condición tiene algunas ventajas para alguien que se gana la vida observando: nada me parece natural, casi todo me sorprende. Hago preguntas absurdas, pero a veces las hago a la gente adecuada y así consigo temas para mis novelas.

Francamente, una de las características de Willie que más me atraen es su actitud desafiante y confiada. No duda de sí mismo o de sus circunstancias. Siempre ha vivido en el mismo país, sabe comprar por catálogo, votar por correo, abrir un frasco de aspirina y dónde llamar cuando se inunda la cocina. Envidio su seguridad; él se siente totalmente a gusto en su cuerpo, en su lengua, en su país, en su vida. Hay cierta frescura e inocencia en la gente que ha permanecido siempre en el mismo lugar y cuenta con testigos de su paso por el mundo. En cambio aquellos de nosotros que nos hemos ido muchas veces desarrollamos por necesidad un cuero duro. Como carecemos de raíces y de testigos del pasado, debemos confiar en la memoria para dar continuidad a nuestras vidas; pero la memoria es siempre borrosa, no podemos fiarnos en ella. Los acontecimientos de mi pasado no tienen contornos precisos, están esfumados, como si mi vida hubiera sido sólo una sucesión de ilusiones, de imágenes fugaces, de asuntos que no comprendo o que comprendo a medias. No tengo certezas de ninguna clase. Tampoco logro sentir a Chile como un lugar geográfico con ciertas características precisas, un sitio definible y real. Lo veo como se ven los caminos del campo al atardecer, cuando las sombras de los álamos engañan la vista y el paisaje parece sólo un sueño.

GENTE SOBERBIA Y SERIA

Una amiga mía dice que nosotros, los chilenos, somos pobres, pero delicados de los pies. Se refiere, por supuesto, a nuestra injustificada susceptibilidad, siempre a flor de piel, a nuestro orgullo solemne, nuestra tendencia a convertirnos en tontos graves apenas nos dan la oportunidad. ¿De dónde nos vienen esas características? Supongo que un poco es atribuible a la madre patria, España, que nos legó una mezcla de pasión y severidad; otro tanto se lo debemos a la sangre de los sufridos araucanos, y del resto podemos culpar a la suerte.

Tengo algo de sangre francesa, por parte de mi padre, y sin duda algo de indígena, basta verme para adivinarlo, pero mis orígenes son principalmente castellano-vascos. Los fundadores de familias como la mía intentaron establecer dinastías y para eso algunos de ellos se atribuyeron un pasado aristocrático, aunque en realidad eran labriegos y aventureros españoles, llegados hace algunos siglos al rabo de América con una mano por delante y otra por detrás. De sangre azul, lo que se dice, nada. Eran ambiciosos y trabajadores, se apoderaron de las tierras más fértiles en las cercanías de Santiago y se abocaron a la tarea de convertirse en notables. Como inmigraron antes y se enriquecieron rápido, pudieron darse el lujo de mirar para abajo a los que llegaron después. Se casaban entre ellos y, como buenos católicos, producían copiosa descendencia. Los hijos normales se destinaban a la tierra, los ministerios y a la jerarquía eclesiástica, pero jamás al comercio, que era para otra clase de gente; los menos favorecidos intelectualmente iban a parar a la Marina. A menudo sobraba algún hijo para presidente de la República. Tenemos estirpes de presidentes, como si el cargo fuera hereditario, porque los chilenos votan por un nombre conocido. La familia Errázuriz, por ejemplo, tuvo tres presidentes, treinta y tantos senadores y no sé cuántos diputados, además de varios jerarcas de la Iglesia. Las hijas virtuosas de familias «conocidas» se casaban con sus primos o se convertían en beatas de dudosos milagros; de las hijas descarriadas se encargaban las monjas. Era gente conservadora, devota, honorable, soberbia y avara, pero en general de bondadosa disposición, no tanto por temperamento, sino por hacer méritos para ganar el cielo. Se vivía en el temor de Dios. Me crié convencida de que cada privilegio trae como consecuencia natural una larga lista de responsabilidades. Esa clase social chilena mantenía cierta distancia con sus semejantes, porque había sido colocada en la Tierra para dar ejemplo, pesada carga que asumía con devoción cristiana. Debo aclarar, sin embargo, que a pesar de sus orígenes y apellidos, la rama de la familia de mi abuelo no formaba parte de esa oligarquía, gozaba de un buen pasar, pero carecía de fortuna o de tierras.

Una de las características de los chilenos en general y de los descendientes de castellanos y vascos en particular, es la sobriedad, que contrasta con el temperamento exuberante, tan común en el resto de América Latina. Crecí entre tías millonarias, primas de mi abuelo y mi madre, vestidas con ropones negros hasta los talones, quienes hacían alarde de «virar» los ternos de sus maridos, engorroso proceso que consistía en descoser el traje, planchar los pedazos y volver a unirlos por el revés para darles nueva vida. Era fácil distinguir a las víctimas, porque llevaban el bolsillo superior de la chaqueta a la derecha, en vez de a la izquierda. El resultado era siempre patético, pero el esfuerzo demostraba cuán ahorrativa y hacendosa era la buena señora. Eso de ser hacendosa es fundamental en mi país, donde la pereza es privilegio masculino. A los hombres se les perdona, igual como se tolera en ellos el alcoholismo, porque se supone que son inevitables características biológicas: el que nace así, nace así… No es el caso de las mujeres, se entiende. Las chilenas, incluso las de fortuna, no se pintan las uñas, porque eso indicaría que no trabajan con las manos y uno de los peores epítetos es ser tachada de holgazana. Antaño, al subir a un autobús, se veía a todas las mujeres tejiendo; pero eso ya no es así, porque ahora llegan toneladas de ropa de segunda mano de Estados Unidos y basura de poliéster de Taiwán, de modo que el tejido pasó a la historia.

Se ha especulado que nuestra tan ponderada sobriedad es herencia de agotados conquistadores españoles, que llegaban medio muertos de hambre y sed, impulsados más por desesperación que por codicia. Esos valientes capitanes —los últimos en el reparto del botín de la Conquista— debían cruzar la cordillera de los Andes por pasos traicioneros, o atravesar el desierto de Atacama bajo un sol de lava ardiente, o desafiar las olas y los vientos fatídicos del cabo de Hornos. La recompensa apenas valía la pena, porque Chile no ofrecía, como otras regiones del continente, la posibilidad de enriquecimiento exorbitante. Las minas de oro y plata se contaban con los dedos de una mano y había que arrancar sus peñascos con un esfuerzo descomunal; tampoco daba el clima para prósperas plantaciones de tabaco, café o algodón. El nuestro siempre fue un país medio pobre; a lo más que el colono podía aspirar era a una existencia tranquila dedicada a la agricultura.

Antes la ostentación era inaceptable, como he dicho, pero por desgracia eso ha cambiado, al menos entre los santiaguinos. Se han puesto tan pretenciosos, que van al automercado los domingos por la mañana, llenan el carrito con los productos más caros —caviar, champaña, filete—, se pasean un buen rato para que otros admiren sus compras, luego lo abandonan en un pasillo y salen discretamente con las manos vacías. También he oído que un buen porcentaje de los teléfonos celulares son de madera; sólo sirven para jactarse. Años atrás esto habría sido impensable; los únicos que vivían en mansiones eran los árabes nuevos ricos y nadie en su sano juicio se habría puesto un abrigo de piel, aunque hiciera un frío polar.

El lado positivo de tanta modestia —falsa o auténtica— era, por supuesto, la sencillez. Nada de celebraciones de quinceañeras con cisnes teñidos de rosa, nada de bodas imperiales con tortas de cuatro pisos, nada de fiestas con orquesta para perritos falderos, como en otras capitales de nuestro exuberante continente. La sobriedad nacional fue un rasgo notable, que desapareció con el capitalismo a ultranza impuesto en las últimas dos décadas, cuando ser rico y parecerlo se puso de moda, pero espero que pronto volvamos a lo conocido. El carácter de los pueblos es tenaz. Ricardo Lagos, el actual presidente de la República (principios del año 2002), vive con su familia en una casa alquilada en un barrio sin pretensiones. Cuando lo visitan dignatarios de otras naciones se quedan pasmados ante las reducidas dimensiones de la casa y el asombro aumenta al ver al dignatario preparar los tragos y a la primera dama ayudando a servir la mesa. Aunque la derecha no perdona que Lagos no sea «gente como ellos», admira su sencillez. Esta pareja es un típico exponente de la clase media de antigua cepa, formada en escuelas y universidades estatales gratuitas, laicas y humanistas. Los Lagos son chilenos criados en los valores de igualdad y justicia social, a quienes la obsesión materialista de hoy parece no haber rozado. Es de suponer que el ejemplo servirá para terminar de una vez por todas con los carritos abandonados en el automercado y los teléfonos de madera.

Se me ocurre que esa sobriedad, tan arraigada en mi familia, así como la tendencia a disimular la alegría o el bienestar, provenía de la vergüenza que sentíamos al ver la miseria que nos rodeaba. Nos parecía que tener más que otros no sólo era una injusticia divina, sino también una especie de pecado personal. Debíamos hacer penitencia y caridad para compensar. La penitencia era comer a diario frijoles, lentejas o garbanzos y pasar frío en invierno. La caridad era una actividad familiar, que correspondía casi exclusivamente a las mujeres. Desde muy pequeñas las niñas íbamos de la mano con las madres o las tías, a repartir ropa y comida entre los pobres. Esa costumbre terminó hace como cincuenta años, pero ayudar al prójimo sigue siendo una obligación que los chilenos asumen con alegría, como corresponde en un país donde no faltan ocasiones de ejercerla. En Chile la pobreza y la solidaridad van de la mano.

No hay duda que existe una tremenda disparidad entre ricos y pobres, tal como ocurre en casi toda América Latina. El pueblo chileno, por pobre que sea, está más o menos bien educado, se mantiene informado y conoce sus derechos, aunque no siempre pueda hacerlos valer. Sin embargo, la pobreza asoma su fea cabeza a cada rato, sobre todo en tiempos de crisis. Para ilustrar la generosidad nacional, nada mejor que unos párrafos de una carta de mi madre desde Chile, con ocasión de las inundaciones del invierno de 2002, que sumergieron medio país en un océano de agua sucia y barro.

Ha llovido varios días seguidos. De repente amaina y es una lluvia finita que sigue mojándonos y justo cuando el Ministerio del Interior dice que ya viene mejor tiempo, cae otro chubasco como tempestad y le vuela el sombrero. Ha sido otra dura prueba para la población. Hemos visto la verdadera cara de la miseria en Chile, la pobreza disfrazada de clase media baja, la que más sufre, porque tiene esperanzas. Esa gente trabaja una vida entera para obtener una vivienda decente y las empresas la estafan: pintan las casas muy lindas por fuera, pero no les hacen desagües y con la lluvia no sólo se inundan, sino que empiezan a deshacerse como miga de pan. Lo único que distrae del desastre es el campeonato mundial de fútbol. Iván Zamorano, nuestro ídolo futbolístico, donó una tonelada de alimento y pasa los días en las poblaciones anegadas entreteniendo a los niños y repartiendo pelotas. No te puedes imaginar las escenas de dolor; siempre son los de menos recursos los que sufren las peores inclemencias. El futuro se ve negro, porque el temporal ha sumergido los campos de verduras bajo el agua y el viento ha volado plantaciones enteras de frutales. En Magallanes mueren las ovejas por miles, atrapadas en la nieve a merced de los lobos. Por supuesto, la solidaridad de los chilenos se manifiesta en todas partes. Hombres, mujeres y adolescentes con el agua hasta las rodillas y cubiertos de lodo, cuidan niños, reparten ropa, apuntalan poblaciones enteras que el agua arrastra hacia las quebradas. En la Plaza Italia se ha instalado una enorme carpa; pasan los automóviles y sin detenerse lanzan paquetes de frazadas y alimentos a los brazos de los estudiantes que esperan. La Estación Mapocho está convertida en un enorme refugio de damnificados, con su escenario donde los artistas de Santiago, los grupos de rock y hasta la orquesta sinfónica amenizan, obligando a bailar a la gente entumida de frío, que así olvida por unos instantes su desgracia. Ésta es una lección de humildad muy grande. El presidente, acompañado por su mujer y los ministros, recorre los refugios y ofrecen consuelo. Lo mejor es que la ministra de Defensa, Michelle Bachelet, hija de un asesinado por la dictadura, sacó al ejército a trabajar por los damnificados y anda encaramada a un carro de guerra con el comandante en jefe a su lado, ayudando día y noche. ¡En fin! Cada uno hace lo que puede. La cuestión será ver qué hacen los bancos, que son un escándalo de corrupción en este país.

Tal como ante el éxito ajeno el chileno se irrita, igualmente es magnífico ante la desgracia; entonces pone de lado su mezquindad y se convierte de súbito en la persona más solidaria y generosa de este mundo. Hay varias maratones anuales por televisión destinadas a la caridad y todos, especialmente los más humildes, se lanzan en una verdadera competencia a ver quién da más. Ocasiones de apelar a la compasión pública no faltan en una nación permanentemente remecida por fatalidades que descalabran los cimientos de la vida, diluvios que arrastran pueblos enteros, olas descomunales que ponen barcos al medio de las plazas. Estamos hechos a la idea de que la vida es incierta, siempre aguardamos que nos caiga encima otro infortunio. Mi marido —quien mide un metro ochenta y es de rodillas poco flexibles— no podía entender por qué guardo las copas y los platos en las repisas más bajas de la cocina, donde él sólo alcanza acostado de espalda en el suelo, hasta que el terremoto de 1988 en San Francisco destruyó la vajilla de los vecinos, pero la nuestra quedó intacta.

No todo es golpearse el pecho con sentimiento de culpa y hacer caridad para compensar la injusticia económica. Nada de eso. Nuestra seriedad se compensa ampliamente con la glotonería; en Chile la existencia transcurre en torno a la mesa. La mayor parte de los empresarios que conozco están con diabetes, porque las reuniones de negocios son con desayuno, almuerzo o cena. Nadie firma un papel sin tomarse por lo menos un café con galletitas o un trago.

Si bien es cierto que comíamos legumbres a diario, el menú cambiaba los domingos. Un típico almuerzo dominical en casa de mi abuelo empezaba con contundentes empanadas, unos pasteles de carne con cebolla, capaces de provocar acidez al más sano; luego se servía cazuela, una sopa levantamuertos de carne, maíz, papa y verduras; enseguida un suculento chupe de mariscos, cuyo delicioso aroma llenaba la casa, y para terminar una colección de postres irresistibles, entre los cuales no podía faltar la tarta de manjar blanco o dulce de leche, antigua receta de la tía Cupertina, todo acompañado con litros de nuestro fatídico pisco sour, y varias botellas de buen vino tinto envejecido por años en el sótano de la casa. Al salir nos daban una cucharada de leche de magnesia. Esto se multiplicaba por cinco cuando se celebraba el cumpleaños de un adulto; los niños no merecíamos tal deferencia. Nunca oí mencionar la palabra colesterol. Mis padres, que tienen más de ochenta años, consumen noventa huevos, un litro de crema, medio kilo de mantequilla y dos de queso a la semana. Están sanos y frescos como chiquillos.

Aquella reunión familiar no sólo era buena ocasión para comer y beber con gula, sino también para pelear con saña. Al segundo vaso de pisco sour los gritos y los insultos entre mis parientes se oían por todo el barrio. Después partía cada cual por su lado jurando no volver a hablarse, pero al domingo siguiente nadie se atrevía a faltar, mi abuelo no lo habría perdonado. Entiendo que esta perniciosa costumbre se ha mantenido en Chile, a pesar de lo mucho que se ha evolucionado en otros aspectos. Siempre me espantaron esas reuniones obligatorias, pero resulta que ahora, en la madurez de mi existencia, las he reproducido en California. Mi fin de semana ideal es tener la casa llena de gente, cocinar para un regimiento y acabar el día discutiendo a voz en cuello.

Las peleas entre parientes se mantenían en privado. La privacidad es un lujo de las clases pudientes, porque la mayor parte de los chilenos no la tiene. Las familias de la clase media para abajo viven en promiscuidad, en muchos hogares duermen varias personas en la misma cama. En caso que exista más de una habitación, los tabiques divisorios son tan delgados, que se oyen hasta los suspiros en la pieza de al lado. Para hacer el amor hay que esconderse en sitios inverosímiles: baños públicos, debajo de los puentes, en el zoológico, etc. En vista de que la solución al problema habitacional puede demorar veinte años, con suerte, se me ocurre que el Gobierno tiene la obligación de proporcionar moteles gratuitos para parejas desesperadas, así se evitarían muchos problemas mentales.

Cada familia cuenta con algún tarambana, pero la consigna siempre es cerrar filas en torno a la oveja negra y evitar el escándalo. Desde la cuna los chilenos aprendemos que «la ropa sucia se lava en casa» y no se habla de los parientes alcohólicos, los que se endeudan, los que apalean a su mujer o han pasado por la cárcel. Todo se esconde, desde la tía cleptómana hasta el primo que seduce viejecitas para quitarles sus míseros ahorros y, especialmente, aquel que canta en un cabaret vestido de Liza Minelli, porque en Chile cualquier originalidad en materia de preferencia sexual es imperdonable. Ha costado una batalla que se discuta públicamente el impacto del sida, porque nadie desea admitir las causas. Tampoco se legisla sobre el aborto, uno de los problemas de salud más serios del país, con la esperanza de que, si no se toca el tema, desaparecerá como por encanto.

Mi madre tiene una cinta grabada con una lista de sabrosas

anécdotas y escándalos familiares, pero no me deja oírla, porque teme que yo divulgue su contenido. Me ha prometido que a su muerte, cuando ella esté definitivamente a salvo de la venganza apocalíptica de sus parientes, heredaré esa grabación. Crecí rodeada de secretos, misterios, cuchicheos, prohibiciones, asuntos que no debían mencionarse jamás. Tengo una deuda de gratitud con aquellos innumerables esqueletos ocultos en el armario, porque plantaron en mí las semillas de la literatura. En cada historia que escribo intento exorcizar a alguno de ellos.

En mi familia no se propagaban chismes, en eso éramos algo diferentes al *Homo chilensis* común y corriente, porque el deporte nacional es hablar a espaldas de la persona que acaba de salir de la pieza. En esto también nos diferenciamos de nuestros ídolos, los ingleses, quienes tienen por norma no hacer comentarios personales. (Conozco a un ex soldado del ejército británico, casado, padre de cuatro hijos y abuelo de varios nietos, que decidió cambiar de sexo. De la noche a la mañana apareció vestido de señora y absolutamente nadie en su pueblo de la campiña inglesa, donde había vivido por cuarenta años, hizo ni la menor observación.) Entre nosotros hablar mal del prójimo tiene incluso un nombre: «pelar», cuya etimología seguramente proviene de pelar pollos, o arrancarle las plumas al ausente. Tanto es así, que nadie quiere ser el primero en irse, por eso las despedidas se eternizan en la puerta. En nuestra familia, en cambio, la norma de no hablar mal de otros, impuesta por mi abuelo, llegaba al extremo de que él nunca le dijo a mi madre las razones por las cuales se oponía a su matrimonio con el hombre que habría de convertirse en mi padre. Rehusó repetir los rumores que circulaban sobre su conducta y su carácter, porque no contaba con pruebas y, antes de manchar el nombre del pretendiente con una calumnia, prefirió arriesgar el futuro de su hija, quien acabó desposándose en total ignorancia con un novio que no la merecía. Con los años me he librado de este rasgo familiar; no tengo escrúpulos en repetir chismes, hablar a espaldas de los demás y divulgar secretos ajenos en mis libros; por eso la mitad de mis parientes no me habla.

Esto de que la familia no le hable a uno es cosa corriente. El gran novelista José Donoso se vio obligado por la presión familiar a eliminar un capítulo de sus memorias sobre una extraordinaria bisabuela, quien al enviudar abrió una casa de juego clandestino, atendida por atractivas muchachas. La mancha en el apellido impidió que su hijo llegara a presidente, según dicen, y un siglo más tarde todavía sus descendientes procuran ocultarla. Lamento que esa bisabuela no fuera de mi tribu. De haberlo sido, me habría encargado de explotar su historia con justificado orgullo. ¡Cuántas novelas sabrosas se pueden escribir con una bisabuela como ésa!

SOBRE VICIOS Y VIRTUDES

En mi familia casi todos los hombres estudiaron leyes, aunque ninguno que yo me acuerde se recibió de abogado. Al chileno le gustan las leyes, mientras más complicadas, mejor. Nada nos fascina tanto como el papeleo y los trámites. Cuando alguna gestión resulta sencilla, sospechamos de inmediato que es ilegal. (Yo, por ejemplo, siempre he dudado de que mi matrimonio con Willie sea válido, porque se llevó a cabo en menos de cinco minutos mediante un par de firmas en un libro. En Chile eso habría tomado varias semanas de burocracia.) El chileno es legalista, no hay mejor negocio en el país que tener una notaría: queremos todo en papel sellado con varias copias y muchos timbres. Tan legalistas somos, que el general Pinochet no quiso pasar a la historia como usurpador del poder, sino como legítimo presidente, para lo cual tuvo que cambiar la Constitución. Por una de esas ironías tan abundantes en la historia, después se vio atrapado en las leyes que él mismo había creado para perpetuarse en el cargo. Según su Constitución, ejercería el cargo por ocho años más —ya llevaba varios en el poder— hasta 1988, cuando debía consultar al pueblo para que decidiera si él continuaba o si se convocaba a una elección. Perdió el plebiscito y al año siguiente perdió la elección y debió entregar la banda presidencial a su opositor, el candidato democrático. Es difícil explicar en el extranjero la forma en que terminó la dictadura, que contaba con el apoyo incondicional de las Fuerzas Armadas, la derecha y un sector numeroso de la población. Los partidos políticos estaban suspendidos, no había Congreso y la prensa estaba censurada. Tal como sostuvo muchas veces el general, «no se movía una hoja en el país sin su consentimiento». ¿Cómo, entonces, pudo ser derrotado por una votación democrática? Esto sólo puede suceder en un país como Chile. Del mismo modo, mediante un resquicio de la ley, ahora se intenta juzgarlo junto a otros militares acusados de violación a los derechos humanos, a pesar de que la Corte Suprema fue designada por él y que una amplia ley de amnistía los protege por actos ilegales cometidos durante los años de su gobierno. Resulta que hay centenares de personas que fueron detenidas, a quienes los militares niegan haber matado, pero como no han aparecido se consideran secuestradas. En esos casos el delito no prescribe, por lo que los culpables no pueden parapetarse tras la amnistía.

El amor por los reglamentos, por inoperantes que sean, encuentra sus mejores exponentes en la inmensa burocracia de nuestra sufrida patria. Esa burocracia es el paraíso del «chilenito del montón» o el hombre de gris. En ella puede vegetar a gusto, a salvo por completo de las trampas de la imaginación, perfectamente seguro en su puesto hasta el día de su jubilación, siempre que no cometa la imprudencia de tratar de cambiar las cosas, tal como asegura el sociólogo y escritor Pablo Huneeus (quien, dicho sea de paso, es uno de los pocos excéntricos chilenos que no está emparentado con mi familia). El funcionario público debe comprender desde su primer día en la oficina que cualquier amago de iniciativa será el fin de su carrera, porque no está allí para hacer mérito, sino para alcanzar dignamente su nivel de incompetencia. El propósito de mover papeles con sellos y timbres de un lado a otro no es resolver problemas, sino atascar soluciones. Si los problemas se resolvieran, la burocracia perdería poder y mucha gente honesta se quedaría sin empleo; en cambio, si empeoran, el Estado aumenta el presupuesto, contrata más gente y así disminuye el índice de cesantía y todos quedan contentos. El funcionario abusa de su pizca de poder, partiendo de la base que el público es su enemigo, sentimiento que es plenamente correspondido. Fue una sorpresa comprobar que en Estados Unidos basta tener una licencia de conducir para moverse por el país y la mayoría de los trámites se hace por correo. En Chile el empleado de turno le exigirá al solicitante prueba de que nació, no está preso, pagó sus impuestos, se registró para votar y sigue vivo, porque aunque patalee para probar que no se ha muerto, igual debe presentar un «certificado de supervivencia». Cómo será el problema, que el gobierno ha creado una oficina para combatir la burocracia. Ahora los ciudadanos pueden reclamar por el mal trato y acusar a los funcionarios ineptos... en papel sellado con tres copias, por supuesto. Para cruzar recientemente la frontera con Argentina en un bus de turismo tuvimos que esperar una hora y media mientras nos revisaban los documentos. Atravesar el antiguo muro de Berlín era más fácil. Kafka era chileno.

Creo que esta obsesión nuestra por la legalidad es una especie de seguro contra la agresión que llevamos por dentro; sin el garrote de la ley, andaríamos a palos unos con otros. La experiencia nos ha enseñado que cuando perdemos los estribos somos capaces de cualquier barbaridad, por eso procuramos ser cautelosos, parapetándonos detrás de un fajo de papeles con sellos. Evitamos en lo posible el enfrentamiento, buscamos consenso y a la primera oportunidad que se presente sometemos la decisión a voto. Nos encanta votar. Si se juntan unos cuantos mocosos en el patio de la escuela a jugar al fútbol, lo primero que hacen es escribir un reglamento y votar por un presidente, un vocal y un tesorero. Esto no significa que seamos tolerantes, ni mucho menos: nos aferramos a nuestras ideas como maniáticos (soy un caso típico). La intolerancia se ve en todas partes, en la religión, la política, la cultura. Cualquiera que se atreva a disentir es apabullado con insultos o con el ridículo, en caso que no se pueda hacer callar con métodos más drásticos.

En las costumbres somos conservadores y tradicionales, preferimos lo malo conocido que lo bueno por conocer, pero en todo lo demás andamos siempre a la caza de las novedades. Consideramos que todo lo proveniente del extranjero es naturalmente mejor que lo nuestro y debemos probarlo, desde la última perilla electrónica hasta los sistemas económicos o políticos. Pasamos buena parte del siglo xx experimentando diversas formas de revolución, hemos oscilado entre el marxismo y el capitalismo salvaje, pasando por cada una de las tonalidades intermedias. La esperanza de que un cambio de gobierno pueda mejorar nuestra suerte es como la esperanza de ganarse la lotería, no tiene fundamento racional. En el fondo sabemos bien que la vida no es fácil. El nuestro es un país de terremotos, cómo no vamos a ser fatalistas. Dadas las circunstancias, no nos queda más remedio que ser también un poco estoicos, pero no hay necesidad de serlo con dignidad, podemos quejarnos a gusto.

En el caso de mi familia, creo que éramos tan espartanos como estoicos. Según predicaba mi abuelo, la vida fácil produce cáncer, en cambio la incomodidad es saludable; recomendaba duchas frías, comida difícil de masticar, colchones apelotonados, asientos de tercera clase en los trenes y zapatones pesados. Su teoría de la incomodidad saludable fue reforzada por varios colegios británicos, donde el destino me colocó durante la mayor parte de mi infancia. Si una sobrevive a este tipo de educación, después agradece aun los más insignificantes placeres; soy de la clase de personas que murmuran una silenciosa plegaria cuando sale agua caliente por la llave. Espero que la existencia sea problemática y cuando no hay angustia o dolor por varios días, me preocupo, porque seguro significa que el cielo está preparándome una desgracia mayor. Sin embargo, no soy completamente neurótica, al contrario; en realidad, da gusto estar conmigo. No necesito mucho para ser feliz, por lo general basta un chorrito de agua caliente por la llave.

Se ha dicho mucho que somos envidiosos, que nos molesta el triunfo ajeno. Es cierto, pero la explicación no es envidia sino sentido común: el éxito es anormal. El ser humano está biológicamente constituido para el fracaso, prueba de ello es que tiene piernas y no ruedas, codos en lugar de alas y metabolismo en vez de baterías. ¿Para qué soñar con el éxito si podemos vegetar tranquilamente en nuestros fracasos? ¿Para qué hacer hoy lo que se puede hacer mañana? ¿O hacerlo bien si se puede hacer a medias? Detestamos que un compatriota surja por encima de los demás, salvo cuando lo hace en otro país, en cuyo caso el afortunado se convierte en una especie de héroe nacional. El triunfador local, sin embargo, cae pésimo; pronto hay tácito acuerdo para bajarle los humos. A este otro deporte lo llamamos «chaqueteo»: coger al prójimo por la chaqueta y tirar hacia abajo. A pesar del «chaqueteo» y de la mediocridad ambiental, de vez en cuando alguien logra asomar la cabeza por encima del agua. Nuestro pueblo ha producido hombres y mujeres excepcionales: dos premios Nobel, Pablo Neruda y Gabriela Mistral, los cantautores Víctor Jara y Violeta Parra, el pianista Claudio Arrau, el pintor Roberto Matta, el novelista José Donoso, por mencionar sólo algunos que recuerdo.

A los chilenos nos complacen los funerales, porque el muerto ya no puede hacernos competencia ni «pelarnos» por las espaldas. No sólo vamos en masa a los entierros, donde hay que estar de pie por horas oyendo por lo menos quince discursos, sino que también celebramos los aniversarios del finado. Otra de nuestras entretenciones es contar y oír cuentos, mientras más macabros y tristes, mejor; en eso, y en el gusto por el trago, nos parecemos a los irlandeses. Somos adictos a las telenovelas, porque las desgracias de sus protagonistas nos ofrecen una buena disculpa para llorar por las penas propias. Me crié oyendo dramáticos seriales de radio en la cocina, a pesar de que mi abuelo había

prohibido el radio, porque lo consideraba un instrumento diabó-
lico que propaga chismes y vulgaridades. Los niños y las empleadas padecíamos con el interminable serial *El derecho de nacer*,
que duró varios años, según recuerdo.

Las vidas de los personajes de la telenovela son mucho más
importantes que las de nuestra familia, a pesar de que el argumento no siempre es fácil de seguir. Por ejemplo: el galán seduce a
una mujer y la deja en estado interesante; luego se casa por venganza con una chica coja y también la deja «esperando guagua»,
como decimos en Chile, pero enseguida sale escapando a Italia
a juntarse con su primera esposa. Creo que esto se llama trigamia.
Entretanto la coja se opera la pierna, va a la peluquería, hereda
una fortuna, se convierte en ejecutiva de una gran empresa y atrae
a nuevos pretendientes. Cuando el galán regresa de Italia y ve
aquella hembra rica y con dos piernas del mismo largo, se arre-
piente de su felonía. Y entonces comienzan los problemas del
libretista para desenredar aquel moño de vieja en que se ha convertido la historia. Debe hacer un aborto a la primera seducida,
para que no queden bastardos dando vueltas por el canal de televisión, y matar a la infortunada italiana, para que el galán
—que se supone que es el bueno de la teleserie— quede oportu-
namente viudo. Esto permite a la ex coja casarse de blanco, a pesar de que luce una tremenda barriga, y dentro de un tiempo mínimo dar a luz un varoncito, por supuesto. Nadie trabaja, viven
de sus pasiones, y las mujeres andan con pestañas postizas y vestidas de cóctel desde la mañana. A lo largo de esta tragedia casi
todos acaban hospitalizados; hay partos, accidentes, violaciones,
drogados, jóvenes que escapan de la casa o de la cárcel, ciegos,

locos, ricos que se vuelven pobres y pobres que se hacen ricos. Se sufre mucho. Al día siguiente de un capítulo particularmente dramático los teléfonos de todo el país están ocupados con los pormenores; mis amigas me llaman a cobro revertido desde Santiago a California para comentarlo. Lo único que puede competir con el capítulo final de una telenovela es una visita del Papa, pero eso ha ocurrido una sola vez en nuestra historia y es muy probable que no se repita.

Además de los funerales, los cuentos morbosos y las telenovelas, contamos con los crímenes, que siempre son un tema interesante de conversación. Nos fascinan los psicópatas y asesinos; si son de la clase alta, mucho mejor. «Tenemos mala memoria para los crímenes del Estado, pero nunca olvidamos los pecadillos del prójimo», comentó un célebre periodista. Uno de los asesinatos más sonados de la historia fue cometido por un tal señor Barceló, quien mató a su mujer, después de haberla tratado pésimo durante los años de vida en común, y enseguida alegó que había sido un accidente. Estaba abrazándola, dijo, y se le escapó un balazo que le perforó la cabeza. No pudo explicar por qué tenía en la mano una pistola cargada apuntándole a la nuca, ante lo cual su suegra inició una cruzada para vengar a su infortunada hija; no la culpo, yo habría hecho lo mismo. Esta dama pertenecía a la más distinguida sociedad de Santiago y estaba acostumbrada a salirse con la suya: publicó un libro denunciando al yerno y después que éste fuera condenado a muerte, se instaló en la oficina del presidente de la República para impedir que lo indultara. Lo fusilaron. Fue el primero y uno de los pocos reos de clase alta en ser ejecutados, porque ese castigo se reservaba para quienes carecían de conexiones y buenos abogados. Hoy la pena de muerte ha sido eliminada, como en todo país decente.

También crecí con las anécdotas familiares contadas por mis abuelos, mis tíos y mi madre, muy útiles a la hora de escribir novelas. ¿Cuánto hay de verdad en ellas? No importa. A la hora de recordar, nadie quiere la constatación de los hechos, basta la leyenda, como la triste historia de aquel aparecido en una sesión de espiritismo que indicó a mi abuela la ubicación de un tesoro escondido debajo de la escalera. Por un error en los planos de la propiedad y no por maldad del espíritu, el tesoro nunca se encontró, a pesar de que demolieron media casa. He procurado averiguar cómo y cuándo sucedieron estos lamentables hechos, pero a nadie en mi familia le interesa la documentación y si hago muchas preguntas mis parientes se ofenden.

No quiero dar la impresión de que tenemos sólo defectos, también contamos con algunas virtudes. A ver, déjeme pensar en alguna... Por ejemplo, somos un pueblo con alma de poeta. No es culpa nuestra, sino del paisaje. Nadie que nace y vive en una naturaleza como la nuestra puede abstenerse de hacer versos. En Chile usted levanta una piedra y en vez de una lagartija sale un poeta o un cantautor popular. Los admiramos, los respetamos y les soportamos sus manías. Antiguamente en las concentraciones políticas el pueblo recitaba a voz en cuello los versos de Pablo Neruda, que todos sabíamos de memoria. Preferíamos sus versos de amor, porque tenemos debilidad por el romance. También nos conmueve la desgracia: despecho, nostalgia, desengaño, duelo;

nuestras tardes son largas, supongo que a eso se debe la preferencia por los temas melancólicos. Si a uno le falla la poesía, siempre quedan otras formas de arte. Todas las mujeres que conozco escriben, pintan, esculpen o hacen diversas artesanías en sus minutos de ocio, que son muy pocos. El arte ha reemplazado al tejido. Me han regalado tantos cuadros y cerámicas que ya no me cabe el automóvil en el garaje.

De nuestro carácter puedo agregar que somos cariñosos, andamos repartiendo besos a diestra y siniestra. Los adultos nos saludamos con un beso sincero en la mejilla derecha; los niños besan a los grandes al llegar y al despedirse, además por respeto les dicen tío y tía, como en la China, incluso a las maestras de la escuela. La gente mayor es besada sin compasión, aun contra su voluntad. Las mujeres lo hacen entre ellas, aunque se detesten, y besan a cuanto varón se ponga a su alcance, sin que la edad, la clase social o la higiene logren disuadirlas. Sólo los machos en etapa reproductora, digamos entre catorce y setenta años de edad, no se besan unos a otros, salvo padres e hijos, pero se palmotean y se abrazan que da gusto. El cariño tiene muchas otras manifestaciones, desde abrir las puertas de la casa para recibir a quien se presente de improviso, hasta compartir lo que uno tenga. No se le ocurra alabar algo que otra persona lleva puesto, porque seguro se lo saca para regalárselo. Si sobra comida en la mesa, lo delicado es entregárselo a los huéspedes para que se lo lleven, tal como no se llega de visita a una casa con las manos vacías.

Lo primero que se dice de los chilenos es que somos hospitalarios: a la primera insinuación abrimos los brazos y las puertas de nuestras casas. He oído contar a menudo a los extranjeros de visita que si piden ayuda para ubicar una dirección, el interpelado los acompañará personalmente y, si los ve muy perdidos, es capaz de invitarlos a su casa para ofrecerles comida y hasta una cama en caso de apuro. Confieso, sin embargo, que mi familia no era particularmente amistosa. Uno de mis tíos no permitía que nadie respirara cerca de él y mi abuelo arremetía a bastonazos contra el teléfono, porque consideraba una falta de respeto que lo llamaran sin su consentimiento. Vivía enojado con el cartero porque le traía correspondencia que no había solicitado y no abría cartas que no tuvieran el remitente a la vista. Mis parientes se sentían superiores al resto de la humanidad, aunque las razones para ello me parecen nebulosas. De acuerdo a la escuela de pensamiento de mi abuelo, sólo podíamos confiar en nuestros parientes cercanos, el resto de la humanidad era sospechoso. El hombre era católico ferviente, pero enemigo de la confesión, porque sospechaba de los curas y sostenía que podía entenderse directamente con Dios para el perdón de sus pecados. Lo mismo se aplicaba para su mujer y sus hijos. A pesar de este inexplicable complejo de superioridad, en nuestra casa siempre se recibió bien a las visitas, por viles que fueran. En ese sentido los chilenos somos como los árabes del desierto: el huésped es sagrado y la amistad, una vez declarada, se convierte en vínculo indisoluble.

No se puede entrar a una vivienda, rica o pobre, sin aceptar algo de comer o beber, aunque sea sólo un «tecito». Ésta es otra tradición nacional. Como el café siempre fue escaso y caro —hasta el Nescafé era un lujo— bebíamos más té que la población completa de Asia, pero en mi último viaje comprobé maravillada que por fin entró la cultura del café y ahora cualquiera dispuesto a pagarlo encuentra *espressos* y *cappuccinos* como en Italia. De paso debo agregar, para tranquilidad de los turistas potenciales, que también contamos con baños públicos impecables y agua embotellada en todas partes; ya no es inevitable caer con colitis al primer trago de agua, como era antes. En cierta forma lo lamento, porque los que nos criamos con agua chilena estamos inmunizados contra todas las bacterias conocidas y por conocer; puedo beber agua del Ganges sin efectos visibles en mi salud, en cambio mi marido se lava los dientes fuera de Estados Unidos y coge un tifus. En Chile no somos refinados respecto al té, cualquier infusión oscura con un poco de azúcar nos parece deliciosa. Además existe una infinidad de yerbas locales, a las cuales se les atribuyen propiedades curativas, y en caso de verdadera miseria tenemos la «agüita perra», simple agua caliente en una taza desportillada. Lo primero que ofrecemos al visitante es un «tecito», un «agüita» o un «vinito». En Chile hablamos en diminutivo, como corresponde a nuestro afán de pasar desapercibidos y nuestro horror de presumir, aunque sea de palabra. Luego ofrecemos lo que hay para comer «a la suerte de la olla», lo cual puede significar que la dueña de casa le quitará el pan de la boca a sus hijos para darlo a la visita, quien tiene la obligación de aceptarlo. Si se trata de una invitación formal, se puede esperar un banquete pantagruélico; el propósito es dejar a los comensales con indigestión por varios días. Por supuesto, las mujeres hacen siempre el trabajo pesado. Ahora existe la moda de que los hombres cocinen, una verdadera desgracia, porque mientras ellos se llevan la gloria, a la mujer le toca lavar el cerro de ollas y platos sucios que dejan apilados. La cocina típica es sencilla, porque la tierra y el mar son generosos; no existen frutas ni mariscos más sabrosos que los nuestros, esto se lo puedo jurar. Mientras más difícil es obtener los ingredientes, más elaborada y picante es la comida, como ocurre en India o en México, donde hay trescientas maneras de preparar arroz. Nosotros tenemos una sola y nos parece más que suficiente. La creatividad que no necesitamos para inventar platos originales la empleamos en los nombres, que pueden inducir al extranjero a las peores sospechas: locos apanados, queso de cabeza, prieta de sangre, sesos fritos, dedos de dama, brazo de reina, suspiros de monja, niñitos envueltos, calzones rotos, cola de mono, etc.

Somos gente con sentido del humor y nos gusta reírnos, aunque en el fondo preferimos la seriedad. Del presidente Jorge Alessandri (1958-1964), un solterón neurótico, que sólo bebía agua mineral, no permitía que se fumara en su presencia y andaba invierno y verano con abrigo y bufanda, la gente decía con admiración: «¡Qué triste está don Jorge!». Eso nos tranquilizaba, porque era signo de que estábamos en buenas manos: las de un hombre serio, o mejor aún, las de un viejo depresivo que no perdía su tiempo con alegría inútil. Esto no quita que la desgracia nos parezca divertida; afinamos el sentido del humor cuando las cosas andan mal y como siempre nos parece que andan mal, nos reímos a menudo. Así compensamos un poco nuestra vocación de quejarnos por todo. La popularidad de un personaje se mide por los chistes que provoca; dicen que el presidente Salvador Allende inventaba chistes sobre él mismo —algunos bastante subidos de color— y los echaba a rodar. Durante muchos años mantuve una columna en una revista y un programa de televisión con pretensiones humorísticas, que fueron tolerados porque no había mucha competencia, ya que en Chile hasta los payasos son melancólicos. Años más tarde, cuando empecé a publicar una columna similar para un periódico en Venezuela, cayó pésimo y me eché un montón de enemigos encima, porque el humor de los venezolanos es más directo y menos cruel.

Mi familia se distingue por las bromas pesadas, pero carece de refinamiento en materia de humor; los únicos chistes que entiende son los cuentos alemanes de don Otto. Veamos uno: una señorita muy elegante suelta una involuntaria ventosidad y para disimular hace ruido con los zapatos, entonces don Otto le dice (con acento alemán): «Romperás un zapato, romperás el otro, pero nunca harás el ruido que hiciste con el poto». Al escribir esto, lloro de risa. He tratado de contárselo a mi marido, pero la rima es intraducible y además en California un chiste racista no tiene la menor gracia. Me crié con chistes de gallegos, judíos y turcos. Nuestro humor es negro, no dejamos pasar ocasión de burlarnos de los demás, sea quien sea: sordomudos, retardados, epilépticos, gente de color, homosexuales, curas, «rotos», etc. Tenemos chistes de todas las religiones y razas. Oí por primera vez la expresión *politically correct* a los cuarenta y cinco años y no he logrado explicar a mis amigos o mis parientes en Chile lo que eso significa. Una vez quise conseguir en California un perro de esos que adiestran para los ciegos pero que son descartados porque no pasan las duras pruebas del entrenamiento. En mi solicitud tuve la mala idea de mencionar que quería uno de los canes «rechazados» y a vuelta de correo recibí una seca nota informándome que no se usa el término «rechazado», se dice que el animal «ha cambiado de carrera». ¡Vaya uno a explicar eso en Chile!

Mi matrimonio mixto con un gringo americano no ha sido del todo malo; nos avenimos, aunque la mayor parte del tiempo ninguno de los dos tiene idea de qué habla el otro, porque siempre estamos dispuestos a darnos mutuamente el beneficio de la duda. El mayor inconveniente es que no compartimos el sentido del humor; Willie no puede creer que en castellano suelo ser graciosa y por mi parte nunca sé de qué diablos se ríe él. Lo único que nos divierte al unísono son los discursos improvisados del presidente George W. Bush.

DONDE NACE LA NOSTALGIA

He dicho a menudo que mi nostalgia empieza con el golpe militar de 1973, cuando mi país cambió tanto, que ya no puedo reconocerlo, pero en realidad debe haber comenzado mucho antes. Mi infancia y mi adolescencia estuvieron marcadas por viajes y despedidas. No alcanzaba a echar raíces en un lugar, cuando había que hacer las maletas y partir a otro.

Tenía nueve años cuando dejé la casa de mi infancia y me despedí, con mucha tristeza, de mi inolvidable abuelo. Para que me entretuviera durante el viaje a Bolivia, el tío Ramón me regaló un mapa del mundo y las obras completas de Shakespeare traducidas al español, que me tragué apurada, releí algunas veces y aún conservo. Me fascinaban esas historias de maridos celosos que asesinan a sus esposas por un pañuelo, reyes a quienes sus enemigos les destilan veneno en las orejas, amantes que se suicidan por inadecuadas comunicaciones. (¡Qué distinta habría sido la suerte de Romeo y Julieta si hubieran contado con un teléfono!) Shakespeare me inició en las historias de sangre y pasión, camino peligroso para los autores a quienes nos toca vivir en la era minimalista. El día en que nos embarcamos en el puerto de Valparaíso, rumbo a la provincia de Antofagasta, donde tomaríamos un tren a La Paz, mi madre me dio un cuaderno con instrucciones de iniciar un diario de viajes. Desde entonces he escrito casi todos los días; es el hábito más arraigado que tengo. A medida que avanzaba el tren, cambiaba el paisaje y algo se desgarraba dentro de mí. Por un lado sentía curiosidad por las novedades que desfilaban ante mis ojos y por otro una tristeza insuperable, que se iba cristalizando en mi interior. En los pueblitos bolivianos donde el tren se detenía comprábamos maíz en coronta, pan amasado, papas negras que parecían podridas y deliciosos dulces que las indias bolivianas, con sus faldas multicolores de lana y sus sombreros de hongo negros, como los de los banqueros ingleses, nos ofrecían. Yo anotaba en mi cuaderno con una tenacidad de notario, como si ya entonces presintiera que sólo la escritura podría anclarme a la realidad. Por la ventana el mundo se veía difuso por el polvo en los vidrios y deformado por la prisa del viaje.

Esos días me sacudieron la imaginación. Oí cuentos de espíritus y demonios que rondan los pueblos abandonados, de momias sustraídas de tumbas profanadas, de cerros de cráneos humanos, algunos de más de cincuenta mil años de antigüedad, expuestos en un museo. En la clase de historia del colegio había aprendido que por esas desolaciones anduvieron durante meses los primeros españoles que llegaron a Chile desde el Perú en el siglo XVI. Imaginaba a ese puñado de guerreros con las armaduras al rojo, los caballos exhaustos y los ojos alucinados, seguidos por mil indios cautivos cargando víveres y armas. Fue una proeza de incalculable coraje y de loca ambición. Mi madre nos leyó unas páginas sobre los desaparecidos indios atacameños y otras sobre los quechuas y aymaras, con quienes conviviríamos en

Bolivia. Aunque no podía adivinarlo, en ese viaje comenzó mi destino de vagabunda. El diario todavía existe, mi hijo lo mantiene escondido y se niega a mostrármelo porque sabe que yo lo destruiría. Me he arrepentido de muchas cosas escritas en mi juventud: poemas espantosos, cuentos trágicos, notas de suicidio, cartas de amor impartidas a infortunados amantes y sobre todo aquel diario cursi. (Cuidado aspirantes a escritores: no todo lo que se escribe vale la pena preservar para beneficio de generaciones futuras.) Al darme aquel cuaderno, mi madre tuvo la intuición de que habrían de perderse mis raíces chilenas y que, a falta de tierra donde plantarlas, debería hacerlo en el papel. A partir de ese instante he escrito siempre. Mantenía correspondencia con mi abuelo, mi tío Pablo y con los padres de algunas amigas, unos pacientes señores a quienes relataba mis impresiones de La Paz, sus montañas moradas, sus indios herméticos y su aire tan delgado, que los pulmones siempre están a punto de llenarse de espuma y la mente de alucinaciones. No escribía a niños de mi edad, sólo a los adultos, porque ellos me contestaban.

En mi infancia y juventud viví en Bolivia y el Líbano, siguiendo el destino diplomático del «hombre moreno de bigotes» que tanto me anunciaron las gitanas. Aprendí algo de francés e inglés; también a ingerir comida de aspecto sospechoso sin hacer preguntas. Mi educación fue caótica, por decir lo menos, pero compensé las tremendas lagunas de información leyendo todo lo que caía en mis manos con una voracidad de piraña. Viajé en barcos, aviones, trenes y automóviles, siempre escribiendo cartas en las cuales comparaba lo que veía con mi única y eterna referencia: Chile. No me separaba de mi linterna, de la cual me serví para leer aun en las más adversas condiciones ni de mi cuaderno de anotar la vida.

Luego de pasar dos años en La Paz, partimos como camas y petacas rumbo al Líbano. Los años en Beirut fueron de aislamiento para mí, encerrada en la casa y en el colegio. ¡Cómo echaba de menos a Chile! A una edad en que las muchachas bailaban rock'n'roll, yo leía y escribía cartas. Vine a enterarme de la existencia de Elvis Presley cuando ya estaba gordo. Me vestía con un severo traje gris para molestar a mi madre, quien siempre fue coqueta y elegante, mientras soñaba despierta con príncipes caídos de las estrellas que me rescataban de una existencia vulgar. Durante los recreos en el colegio me parapetaba detrás de un libro en el último rincón del patio, para esconder mi timidez.

La aventura del Líbano terminó bruscamente en 1958, cuando desembarcaron los *marines* norteamericanos de la Sexta Flota para intervenir en los violentos hechos políticos que poco después desgarraron a ese país. La guerra civil había comenzado meses antes, se oían balazos y gritos, había confusión en las calles y miedo en el aire. La ciudad estaba dividida en sectores religiosos, que se enfrentaban con rencores acumulados por siglos, mientras el ejército intentaba mantener orden. Uno a uno cerraron sus puertas los colegios, menos el mío, porque nuestra flemática directora decidió que la guerra no era de su incumbencia, puesto que no participaba Gran Bretaña. Por desgracia esta interesante situación duró poco: el tío Ramón, atemorizado ante el cariz que tomaba la revuelta, mandó a mi madre con el perro a

España y a los niños de vuelta a Chile. Más tarde mi madre y él fueron destinados a Turquía, y nosotros nos quedamos en Santiago, mis hermanos internos en un colegio y yo con mi abuelo.

Llegué a Santiago a los quince años, desorientada porque llevaba varios años viviendo en el extranjero y me había desconectado de mis antiguas amistades y de los primos. Además tenía un extraño acento, lo cual es un problema en Chile, donde la gente se «ubica» en su clase social por la forma de hablar. Santiago de los años sesenta me parecía bastante provinciano, comparado, por ejemplo, con el esplendor de Beirut, que se jactaba de ser el París del Oriente Medio, pero eso no significaba que el ritmo fuera tranquilo, ni mucho menos, ya entonces los santiaguinos andaban con los nervios de punta. La vida era incómoda y difícil, la burocracia abrumadora, los horarios muy largos, pero yo llegué decidida a adoptar esa ciudad en mi corazón. Estaba cansada de despedirme de lugares y personas, deseaba plantar raíces y no salir más. Creo que me enamoré del país por las historias que me contaba mi abuelo y la forma en que juntos recorrimos el sur. Me enseñó historia y geografía, me mostró mapas, me obligó a leer autores nacionales, corregía mi gramática y mi ortografía. Carecía de paciencia como maestro, pero le sobraba severidad; mis errores lo ponían rojo de rabia, pero si quedaba contento con mis tareas, me premiaba con un trozo de queso Camembert, que dejaba madurar en su armario; al abrir la puerta el olor a botas podridas de soldado inundaba el barrio.

Mi abuelo y yo nos aveníamos bien, porque a los dos nos gustaba estar callados. Podíamos pasar horas lado a lado, leyendo o mirando caer la lluvia en la ventana, sin sentir la necesidad de hablar por hablar. Creo que nos teníamos mutua simpatía y respeto. Escribo esta palabra —respeto— con cierta vacilación, porque mi abuelo era autoritario y machista, estaba acostumbrado a tratar a las mujeres como delicadas flores, pero la idea del respeto intelectual por ellas no se le pasaba por la mente. Yo era una mocosa hosca y rebelde de quince años, que discutía con él de igual a igual. Eso picaba su curiosidad. Sonreía divertido cuando yo alegaba en defensa de mi derecho a tener la misma libertad y educación que mis hermanos, pero al menos me escuchaba. Vale la pena mencionar que la primera vez que oyó la palabra «machista» fue de mis labios. No sabía su significado y cuando se lo expliqué casi se muere de risa; la idea de que la autoridad masculina, tan natural como el aire que se respira, tuviera un nombre, le pareció un chiste muy ingenioso. Cuando empecé a cuestionar aquella autoridad, dejó de hacerle gracia, pero creo que entendía y tal vez admiraba mi deseo de ser como él, fuerte e independiente, y no una víctima de las circunstancias, como mi madre.

Casi conseguí ser como mi abuelo, pero la naturaleza me traicionó: me salieron senos —apenas un par de ciruelas sobre las costillas— y mi plan se fue al diablo. La explosión de las hormonas fue un desastre para mí. En cuestión de semanas me convertí en una chiquilla acomplejada, con la cabeza caliente de sueños románticos, cuya principal preocupación era atraer al sexo opuesto, tarea nada fácil, porque carecía del más mínimo encanto y andaba casi siempre furiosa. No podía disimular mi desprecio por la mayoría de los muchachos que conocía, porque me parecía evidente que yo era más lista. (Me costó varios años aprender a hacerme la tonta para que los hombres se sintieran superiores. ¡Hay que ver cuánto trabajo requiere eso!) Pasé esos años desgarrada entre las ideas feministas que bullían en mi mente, sin que lograra expresarlas de una manera articulada, porque todavía nadie había oído hablar de algo así en mi medio, y el deseo de ser como las demás muchachas de mi edad, de ser aceptada, deseada, conquistada, protegida.

A mi pobre abuelo le tocó lidiar con la adolescente más desgraciada de la historia de la humanidad. Nada que el pobre viejo dijera podía consolarme. No es que dijera mucho. A veces mascullaba que para ser mujer yo no estaba mal, pero eso no cambiaba el hecho de que él prefería que yo fuera hombre, en cuyo caso me habría enseñado a usar sus herramientas. Al menos consiguió deshacerse de mi traje gris mediante el método simple de quemarlo en el patio. Armé un escándalo, pero en el fondo me sentí agradecida, aunque estaba segura de que con aquel mamarracho gris o sin él ningún hombre me miraría jamás. Sin embargo, pocos días más tarde sucedió un milagro: se me declaró el primer muchacho, Miguel Frías. Estaba tan desesperada, que me aferré a él como un cangrejo y no lo solté más. Cinco años más tarde nos casamos, tuvimos dos hijos y permanecimos juntos durante veinticinco años. Pero no debo adelantarme…

Para entonces mi abuelo había abandonado el luto y se había vuelto a casar con una matrona de aspecto imperial por cuyas venas corría sangre de aquellos colonos alemanes llegados de la Selva Negra a poblar el sur durante el siglo XIX. Por comparación, nosotros parecíamos salvajes y nos comportábamos como tales. La segunda esposa de mi abuelo era una valkiria imponente, alta, blanca y rubia, dotada de proa oronda y popa memorable. Debió soportar que su marido murmurara dormido el nombre de su primera mujer y lidiar con su familia política, que nunca la aceptó del todo y en muchas ocasiones le hizo la vida imposible. Lamento que así fuera, porque sin ella la vejez del patriarca habría sido muy solitaria. Era excelente dueña de casa y cocinera; también era mandona, laboriosa, ahorrativa e incapaz de entender el torcido sentido del humor de nuestra familia. Bajo su reinado se desterraron de la cocina los eternos frijoles, lentejas y garbanzos; ella preparaba delicados platos que sus hijastros tapaban con salsa picante antes de probarlos. También bordaba primorosas toallas que ellos solían emplear para quitarse el barro de los zapatos. Imagino que los almuerzos dominicales con esos bárbaros deben haber sido un insufrible tormento para ella, pero los mantuvo en vigencia durante décadas para demostrarnos que, hiciéramos lo que hiciéramos, jamás podríamos vencerla. En aquella lucha de voluntades, ella ganó de lejos.

Esta digna dama no participaba en la complicidad entre mi abuelo y yo, pero nos acompañaba por las noches, cuando escuchábamos una radionovela de terror con la luz apagada, ella tejiendo de memoria, indiferente, él y yo muertos de miedo y de risa. El viejo se había reconciliado con los medios de comunicación y tenía un radio antediluviano que él mismo debía componer día por medio. Con ayuda de un «maestro» había instalado una antena y también unos cables conectados a una parrilla metálica, con la intención de captar comunicaciones de los extraterrestres, en vista de que mi abuela ya no estaba a mano para convocarlos en sus sesiones.

En Chile existe la institución del «maestro», como llamamos a cualquier tipo (nunca una mujer) que tenga en su poder un alicate y un alambre. Si se trata de alguien especialmente primitivo, lo llamamos cariñosamente «maestro chasquilla», de otro modo es «maestro» a secas, título honorífico equivalente a «licenciado». Con un alicate y un alambre el hombrecito puede componer desde un sencillo lavamanos hasta la turbina de un avión; su creatividad y audacia son ilimitadas. Durante la mayor parte de su larga vida mi abuelo rara vez necesitó acudir a uno de estos especialistas, porque no sólo era capaz de arreglar cualquier desperfecto, sino que también fabricaba sus propias herramientas; pero en la vejez, cuando ya no podía agacharse o levantar peso, contaba con un «maestro», quien solía visitarlo para trabajar juntos entre sorbo y sorbo de ginebra. En Estados Unidos, donde la mano de obra es cara, la mitad de la población masculina tiene un garaje lleno de herramientas y aprende desde joven a leer los manuales de instrucciones. Mi marido, de profesión abogado, posee una pistola que dispara clavos, una máquina para cortar rocas y otra que vomita cemento por una manguera. Mi abuelo era una excepción entre los chilenos, porque ninguno de la clase media para arriba sabe descifrar un manual y tampoco se ensucia las manos con grasa de motor: para eso están los «maestros», que pueden improvisar las más ingeniosas soluciones con los más modestos recursos y con el mínimo de aspavientos. Conocí a uno que se cayó del noveno piso tratando de componer una ventana y salió milagrosamente ileso. Subió en el ascensor, sobándose las contusiones, a pedir disculpas porque se le había roto el martillo. La idea de usar un cinturón de seguridad o cobrar una indemnización jamás se le pasó por la mente.

Había una casita al fondo del jardín de mi abuelo, que seguramente hicieron para una empleada, donde me instalaron. Por primera vez en mi vida tuve privacidad y silencio, un lujo al cual me hice adicta. Estudiaba de día y por las noches leía novelas de ciencia ficción, que alquilaba en ediciones de bolsillo por unos centavos en el quiosco de la esquina. Como todos los adolescentes chilenos de entonces, andaba con *La montaña mágica* y *El lobo estepario* bajo el brazo para impresionar; no me acuerdo haberlos leído. (Chile es posiblemente el único país donde Thomas Mann y Herman Hesse han sido eternos *best sellers*, aunque no puedo imaginar qué tenemos en común con Narciso y Goldmunda, por ejemplo.) En la biblioteca de mi abuelo tropecé con una colección de novelas rusas y las obras completas de Henri Troyat, quien escribió largas sagas familiares sobre la vida en Rusia antes y durante la Revolución. Releí esos libros muchas veces, y años después nombré a mi hijo Nicolás por un personaje de Troyat, un joven campesino, radiante como un sol matinal, quien se enamora de la esposa de su amo y sacrifica su vida por ella. Es una historia tan romántica que incluso ahora, cuando me acuerdo, me dan ganas de llorar. Así eran mis libros favoritos y todavía lo son: personajes apasionados, causas nobles, atrevidos actos de valor, idealismo, aventura y, en lo posible, lugares lejanos con pésimo clima, como Siberia o algún desierto africano, es decir, sitios donde no pienso ir jamás de visita. Las islas tropicales, tan placenteras en las vacaciones, son un desastre en la literatura.

También le escribía a diario a mi madre a Turquía. Las cartas demoraban dos meses en llegar, pero eso nunca fue problema para nosotras, que somos viciosas del género epistolar: nos hemos escrito casi a diario durante cuarenta y cinco años con la promesa mutua de que a la muerte de cualquiera de las dos, la otra romperá la montaña de cartas acumuladas. Sin esa garantía no podríamos escribir con libertad; no quiero pensar en la tragedia que sería si esas cartas, donde hablamos pestes de los parientes y del resto del mundo, cayeran en manos indiscretas.

Recuerdo esos inviernos de la adolescencia, cuando la lluvia anegaba el patio y se metía bajo la puerta de mi casita, cuando el viento amenazaba con robarse el techo y los truenos y relámpagos sacudían el mundo. Si hubiera podido quedarme allí encerrada leyendo durante todo el invierno, mi vida habría sido perfecta, pero tenía que ir a clases. Odiaba esperar el bus, exhausta y ansiosa, sin saber si me contaría entre los afortunados que lograrían abordarlo, o sería uno de los derrotados que se quedaban abajo y debían esperar el próximo. La ciudad se había extendido y era difícil trasladarse de un punto a otro; subirse a un autobús («micro») equivalía a una acción suicida. Después de esperar horas junto a una veintena de ciudadanos tan desesperados como uno, a veces bajo la lluvia y con los pies en un charco de lodo, había que saltar como una liebre cuando el vehículo se aproximaba, tosiendo y echando humo por el tubo de escape, para colgarse de la pisadera o de la ropa de otros pasajeros, que habían logrado poner los pies en la puerta. Esto ha cambiado, lógicamente. Han pasado cuarenta años y Santiago es una ciudad completamente diferente a la de entonces. Hoy las micros son rápidas, modernas y numerosas. El único inconveniente es que los chóferes compiten por llegar los primeros a la parada y atrapar el máximo de pasajeros, de modo que vuelan por las calles aplastando lo que se ponga por delante. Detestan a los escolares porque pagan menos y a los ancianos porque demoran mucho en subir y bajar, así es que hacen lo posible por impedir que se acerquen a su vehículo. Quien desee conocer el temperamento chileno debe usar el transporte colectivo en Santiago y viajar por el país en bus, la experiencia es muy instructiva. A las micros suben cantantes ciegos y vendedores de agujas, calendarios, estampas de santos y flores, también magos, malabaristas, ladrones, locos y mendigos. En general los chilenos andan malhumorados y no cruzan miradas en la calle, pero en las micros se establece una solidaridad humana como había en los refugios antiaéreos en Londres durante la Segunda Guerra Mundial.

Una palabra más sobre el tráfico: los chilenos, tan tímidos y amables en persona, se convierten en salvajes cuando tienen un volante entre las manos: corren a ver quién llega primero a la próxima luz roja, culebrean cambiándose de canal sin señalizar, se insultan a gritos o con gestos. La mayoría de nuestros insultos terminan en «on», de modo que suenan como francés. Una mano colocada como para pedir limosna es una alusión directa al tamaño de los genitales del enemigo; vale la pena saberlo para no cometer la imprudencia de depositar una moneda en ella.

Con mi abuelo hice algunos viajes inolvidables a la costa, la montaña y el desierto. Me llevó un par de veces a las estancias ovejeras en la Patagonia argentina, verdaderas odiseas en tren, jeep, carreta con bueyes y a lomo de caballo. Viajábamos hacia el sur, recorriendo los magníficos bosques de árboles nativos, donde siempre llueve; navegábamos por las aguas inmaculadas de los lagos que, como espejos, reflejaban los volcanes nevados; atravesábamos la empinada cordillera de los Andes por rutas escondidas usadas por contrabandistas. Al otro lado nos recogían arrieros argentinos, unos hombres rudos y silenciosos, de manos hábiles y rostros cuarteados como el cuero de sus botas. Acampábamos bajo las estrellas envueltos en pesadas mantas de Castilla, con las monturas por almohada. Los arrieros mataban un corderito y lo asaban al palo; lo comíamos regado con mate, un té verde y amargo servido en una calabaza, que pasaba de mano en mano, todos chupando de la misma boquilla metálica. Habría sido una descortesía poner cara de asco ante la boquilla empapada de saliva y tabaco mascado. Mi abuelo no creía en gérmenes por la misma razón que no creía en fantasmas: nunca los había visto. Al amanecer nos lavábamos con agua escarchada y un poderoso jabón amarillo, fabricado con grasa de oveja y soda cáustica. Esos viajes me dejaron una recuerdo tan indeleble, que treinta y cinco años más tarde pude describir la experiencia y el paisaje sin vacilar, al contar la fuga de mis protagonistas en mi segunda novela, *De amor y de sombra*.

CONFUSOS AÑOS DE JUVENTUD

En mi infancia y juventud percibía a mi madre como una víctima y decidí muy temprano que no quería seguir sus pasos. Me
parecía que haber nacido mujer era una evidente mala suerte;
mucho más fácil resultaba ser hombre. Eso me llevó a convertirme en feminista mucho antes de haber oído la palabra. El deseo
de ser independiente y de que nadie me mande es tan antiguo, que
no recuerdo ni un solo momento sin que guiara mis decisiones.
Al mirar hacia el pasado, comprendo que a mi madre le tocó un
destino difícil y en realidad lo enfrentó con gran valor, pero entonces la juzgué débil, porque dependía de los hombres a su alrededor, como su padre y su hermano Pablo, quienes controlaban
el dinero y daban las órdenes. Las únicas veces que le hacían caso
era cuando estaba enferma, de manera que lo estaba a menudo.
Después se juntó con el tío Ramón, hombre de magníficas cua-
lidades, pero tan machista como mi abuelo, mis tíos y el resto de
los chilenos en general.

Me sentía asfixiada, presa en un sistema rígido, tal como lo
estábamos todos, especialmente las mujeres que me rodeaban. No
se podía dar un paso fuera de las normas, debía comportarme
como los demás, fundirme en el anonimato o enfrentar el ridículo.
Se suponía que yo debía graduarme de la secundaria, mantener

a mi novio con las riendas cortas, casarme antes de los veinticinco —después ya no había caso— y tener hijos rápidamente para que nadie pensara que usaba anticonceptivos. A propósito de eso, debo aclarar que ya se había inventado la famosa píldora responsable de la revolución sexual, pero en Chile se hablaba de ella en susurros; la Iglesia la había prohibido y sólo se conseguía mediante un médico amigo de pensamiento liberal, siempre que se pudiera exhibir un certificado de matrimonio. Las solteras estaban fritas, porque pocos hombres chilenos tienen la cortesía de usar un condón. En las guías turísticas deberían recomendar a las visitantes que lleven siempre uno en la cartera, porque no les faltarán oportunidades de usarlo. Para el chileno la seducción de cualquier mujer en edad reproductora es una tarea que cumple a conciencia. Aunque por lo general mis compatriotas bailan pésimo, hablan muy bonito; fueron los primeros en descubrir que el punto G está en las orejas femeninas y buscarlo más abajo es una pérdida de tiempo. Una de las experiencias más terapéuticas para cualquier mujer deprimida es pasar delante de una construcción y comprobar cómo se detiene el trabajo y de los andamios se descuelgan varios obreros a lisonjearla. Esta actividad ha alcanzado nivel de arte y existe un concurso anual para premiar los mejores piropos según su categoría: clásicos, creativos, eróticos, cómicos y poéticos.

Me enseñaron desde niña a ser discreta y fingir virtud. Digo fingir, porque aquello que se hace para callado no importa, mientras no se sepa. En Chile sufrimos de una forma particular de hipocresía: nos escandalizamos ante cualquier tropiezo del prójimo, mientras cometemos pecados bárbaros en privado. La franqueza nos choca un poco, somos disimulados, preferimos hablar con eufemismos (amamantar es «darle papa a la guagua»; tortura es «apremios ilegítimos»). Hacemos alarde de ser muy emancipados, pero soportamos estoicamente el silencio en torno a los temas que se consideran tabú y no se discuten, desde la corrupción (que llamamos «enriquecimiento ilícito») hasta la censura del cine, por mencionar sólo dos. Antes no se podía exhibir *El violinista sobre el tejado*; ahora no muestran *La última tentación de Cristo*, porque los curas se oponen y los fundamentalistas católicos pueden poner una bomba en el cine. Dieron *El último tango en París* cuando Marlon Brando ya estaba convertido en un viejo obeso y la margarina había pasado de moda. El tabú más fuerte, sobre todo para las mujeres, sigue siendo el tabú sexual.

Algunas familias emancipadas mandaban a sus hijas a la universidad, pero no era el caso de la mía. Mi familia se consideraba intelectual, pero en realidad éramos unos bárbaros medievales. Se esperaba que mis hermanos fueran profesionales —en lo posible abogados, médicos o ingenieros, las demás ocupaciones eran de segundo orden—, pero que yo me conformara con un trabajo más bien decorativo, hasta que el matrimonio y la maternidad me absorbieran por completo. En esos años las mujeres profesionales provenían en su mayoría de la clase media, que es la firme columna vertebral del país. Eso ha cambiado y hoy el nivel de educación de las mujeres es incluso superior al de los hombres. Yo no era mala estudiante, pero como ya tenía novio a nadie se le ocurrió que podía obtener una profesión y a mí tampoco. Terminé la secundaria a los dieciséis años, tan confundida e inmadura que no supe cuál era el paso siguiente, aunque siempre tuve claro que debía trabajar, porque no hay feminismo que valga sin independencia económica. Como decía mi abuelo: quien paga la cuenta es quien manda. Me empleé como secretaria en una organización de las Naciones Unidas, donde copiaba estadísticas forestales en grandes hojas cuadriculadas. En los ratos de ocio no bordaba mi ajuar, sino que leía novelas de autores latinoamericanos y peleaba a brazo partido con cuanto varón se cruzaba en mi camino, empezando por mi abuelo y el buen tío Ramón. Mi rebelión contra el sistema patriarcal se exacerbó al salir al mercado de trabajo y comprobar las desventajas de ser mujer.

¿Y qué hay de la escritura? Supongo que secretamente deseaba dedicarme a la literatura, pero jamás me atreví a poner en palabras tan pretencioso proyecto, porque habría desatado una avalancha de carcajadas a mi alrededor. Nadie tenía interés en lo que pudiera decir, mucho menos escribir. No conocía autoras notables, fuera de dos o tres solteronas inglesas del siglo XIX y la poeta nacional, Gabriela Mistral, pero ella parecía hombre. Los escritores eran caballeros maduros, solemnes, remotos y en su mayoría muertos. Personalmente no conocía a ninguno, salvo ese tío mío que recorría el barrio tocando el organillo, que había publicado un libro sobre sus experiencias místicas en India. En el sótano se amontonaban centenares de ejemplares de aquella gruesa novela, seguramente comprados por mi abuelo para retirarlos de circulación, que mis hermanos y yo usamos durante la infancia para construir fuertes. No, definitivamente la literatura no era un camino razonable en un país como Chile, donde el desprecio intelectual por las mujeres aún era absoluto. Mediante una guerra sin cuartel, las mujeres hemos logrado ganar el respeto de nuestros trogloditas en ciertas áreas, pero, apenas nos descuidamos, el machismo levanta de nuevo su peluda cabeza.

Me gané la vida como secretaria por un tiempo, me casé con Miguel, el novio de siempre, y de inmediato quedé embarazada de mi primera hija, Paula. A pesar de mis teorías feministas, fui una típica esposa chilena, abnegada y servicial como una geisha, de esas que infantilizan al marido con premeditación y alevosía. Baste decir, como ejemplo, que tenía tres trabajos, manejaba la casa, me hacía cargo de los niños y corría como atleta el día entero para cumplir con el cúmulo de responsabilidades que me había echado encima, incluyendo una visita diaria a mi abuelo, pero por la noche esperaba a mi marido con la aceituna de su martini entre los dientes y le preparaba la ropa que se pondría en la mañana siguiente. En mis ratos libres le lustraba los zapatos y le cortaba el pelo y las uñas, como una Elvira cualquiera.

Pronto conseguí un traslado dentro de la oficina y empecé a trabajar en el departamento de información, donde debía redactar informes y mantenerme en contacto con la prensa, lo cual era más entretenido que contar árboles. Debo admitir que no elegí el periodismo, andaba distraída y éste me atrapó de un zarpazo; fue amor a primera vista, una pasión súbita que determinó buena parte de mi existencia. En esa época se inauguró la televisión en Chile, con dos canales en blanco y negro que dependían de las universidades. Era televisión de la Edad de Piedra, imposible más primitiva, y por lo mismo pude poner un pie dentro, aunque las únicas pantallas que había visto eran las del cine. Me vi lanzada a una carrera en el periodismo, aunque no había hecho los estudios regulares en la universidad. En ese tiempo todavía era un oficio que se aprendía en la calle y había cierta tolerancia para los espontáneos como yo. Aquí viene al caso explicar que en Chile las mujeres forman la mayoría entre los periodistas y son más preparadas, visibles y valientes que sus colegas masculinos, aunque casi siempre les toca trabajar bajo las órdenes de un hombre. Mi abuelo recibió la noticia indignado; consideraba que ésa era una ocupación de truhanes, nadie en su sano juicio hablaría con la prensa y ninguna persona decente optaría por un oficio cuya materia prima eran los chismes. Secretamente, sin embargo, creo que veía mis programas de televisión porque a veces se le salía algún comentario revelador.

En esos años crecieron en forma alarmante los cordones de pobreza en torno a la capital, con sus paredes de cartón, sus techos de lata y sus habitantes en harapos. Se veían claramente en el camino del aeropuerto, dando muy mala impresión a los visitantes; por mucho tiempo la solución fue poner murallas para ocultarlos. Como decía un político de entonces: «Si hay miseria, que no se note». En la actualidad aún quedan poblaciones marginales, a pesar del esfuerzo sostenido de los gobiernos por reubicar a los pobladores en barrios más decentes, pero nada como lo que había antes. Emigrantes llegados del campo o de las provincias más abandonadas acudían en masa en busca de trabajo y, al encontrarse desamparados, levantaban sus casuchas de congoja.

A pesar del hostigamiento de los carabineros, estas poblaciones callampas crecían y se organizaban; una vez que la gente se tomaba un terreno era imposible sacarla o impedir que continuaran llegando. Los ranchos se alineaban a lo largo de callecitas sin pavimentar, que en verano levantaban una polvareda y en invierno se convertían en un lodazal. Centenares de niños descalzos correteaban entre las viviendas, mientras los padres partían a diario a la ciudad en busca de trabajo por el día para «parar la olla», término vago que significa cualquier cosa, desde unos billetes humildes hasta un hueso para hacer sopa. Visité a veces estas poblaciones, primero con sacerdotes amigos, tratando de llevar ayuda, y poco después, cuando el feminismo y las inquietudes políticas me obligaron a salir del cascarón, las frecuentaba para aprender. Como periodista pude hacer reportajes y entrevistas que me sirvieron para comprender mejor nuestra mentalidad chilena.

Entre los problemas más agudos ligados a la falta de esperanza, estaban el alcoholismo y la violencia doméstica. Muchas veces me tocó ver mujeres con la cara aporreada. Mi compasión caía en el vacío, porque siempre tenían una disculpa para el agresor: «estaba borracho», «se enojó», «se puso celoso», «si me pega, es porque me quiere», «¿qué habré hecho para provocarlo…?». Me aseguran que esto no ha cambiado mucho, a pesar de las campañas de prevención. En la letra de un tango muy popular el varón espera que la mina le prepare su mate y luego «le fajó treinta y cinco puñaladas». Ahora los carabineros están entrenados para irrumpir en las casas sin esperar que les abran gentilmente la puerta o que aparezca un cadáver con treinta y cinco puñaladas colgando en la ventana; pero falta mucho por hacer. ¡Ni qué decir cómo les pegan a los niños! A cada rato aparece en la prensa algún caso espantoso de niños torturados o muertos a golpes por sus padres. Según el Banco Interamericano de Desarrollo, América Latina es una de las regiones más violentas del mundo, la segunda después de África. La violencia en la sociedad empieza en los hogares; no se puede eliminar el crimen en las calles si no se ataca el maltrato doméstico, ya que los niños golpeados se convierten a menudo en adultos violentos. En la actualidad se habla de esto, se denuncia en la prensa, existen refugios, programas de educación y protección policial para las víctimas, pero en esos años era un tema tabú.

En las poblaciones había conciencia de clase, orgullo de pertenecer al proletariado, lo cual me resultó sorprendente en una sociedad tan arribista como la chilena. Luego descubrí que el arribismo era propio de la clase media; los pobres ni siquiera se lo planteaban, estaban demasiado ocupados procurando sobrevivir. En los años siguientes estas comunidades adquirieron educación política, se organizaron y se convirtieron en terreno fértil para los partidos de izquierda. Diez años más tarde, en 1970, fueron determinantes en la elección de Salvador Allende, y por lo mismo habrían de sufrir la mayor represión durante la dictadura militar.

Tomé el periodismo muy en serio, a pesar de que mis colegas de aquella época creen que yo inventaba los reportajes. No los inventaba, sólo exageraba un poco. Me quedaron varias manías:

todavía ando a la caza de noticias y de historias, siempre con un lápiz y una libreta en la cartera para anotar lo que me llama la atención. Lo aprendido entonces me sirve ahora en la literatura: trabajar bajo presión, conducir una entrevista, realizar una investigación, usar el lenguaje en forma eficiente. No olvido que el libro no es un fin en sí mismo. Igual que un periódico o una revista, es sólo un medio de comunicación, por eso procuro atrapar al lector por el cuello y no soltarlo hasta el final. No siempre lo logro, por supuesto, el lector suele ser evasivo. ¿Quién es ese lector? Cuando los norteamericanos detuvieron en Panamá al general Noriega, quien había caído en desgracia, hallaron dos libros en su poder: la Biblia y *La casa de los espíritus*. Nadie sabe para quién escribe. Cada libro es un mensaje lanzado en una botella al mar con la esperanza de que arribe a otra orilla. Me siento muy agradecida cuando alguien lo encuentra y lo lee, sobre todo alguien como Noriega.

Entretanto el tío Ramón había sido nombrado representante de Chile ante las Naciones Unidas en Ginebra. Las cartas entre mi madre y yo demoraban menos que a Turquía y de vez en cuando era posible hablar por teléfono. Cuando nuestra hija Paula tenía año y medio, mi marido consiguió una beca para estudiar ingeniería en Bélgica. En el mapa aparecía Bruselas muy cerca de Ginebra y no quise perder la oportunidad de visitar a mis padres. Ignorando la promesa que había hecho de plantar raíces y no viajar al extranjero por ningún motivo, hicimos las maletas y partimos a Europa. Fue una excelente decisión, entre otras razones, porque pude estudiar radio y televisión y afinar mi francés, que no usaba desde los tiempos del Líbano. Durante ese año descubrí el Movimiento de Liberación Femenina y comprendí que yo no era la única bruja en este mundo; éramos muchas.

En Europa poca gente había oído hablar de Chile; el país se puso de moda cuatro años después, con la elección de Salvador Allende. Volvió a estarlo con el golpe militar de 1973, la secuela de violaciones a los derechos humanos y finalmente el arresto del ex dictador en Londres en 1998. Cada vez que nuestro país ha hecho noticia ha sido por mayúsculos eventos políticos, salvo cuando aparece brevemente en la prensa con ocasión de un terremoto. Si me preguntaban mi nacionalidad, debía dar largas explicaciones y dibujar un mapa para demostrar que Chile no quedaba en el centro de Asia, sino en el sur de América. A menudo lo confundían con China, porque el nombre sonaba parecido. Los belgas, acostumbrados a la idea de las colonias en África, solían sorprenderse de que mi marido pareciera inglés y yo no fuera negra; alguna vez me preguntaron por qué no usaba el traje típico, que tal vez imaginaban como los vestidos de Carmen Miranda en las películas de Hollywood: falda a lunares y un canasto con piñas en la cabeza. Recorrimos Europa desde los países escandinavos hasta el sur de España en un destartalado Volkswagen, durmiendo en carpa y alimentándonos de salchichas, carne de caballo y papas fritas. Fue un año de turismo frenético.

Regresamos a Chile en 1966 con nuestra hija Paula, quien a los tres años hablaba con la corrección de un académico y se había convertido en experta en catedrales, y con Nicolás en mi vientre. Por contraste con Europa, donde se veían por todas partes hippies melenudos, se gestaban revoluciones estudiantiles y se celebraba la liberación sexual, Chile era muy aburrido. Una vez más me sentí forastera, pero reanudé mi promesa de plantar raíces y no volver a moverme de allí.

Apenas nació Nicolás volví a trabajar, esta vez en una revista femenina llamada *Paula*, que acababa de salir al mercado. Era la única que promovía la causa del feminismo y exponía temas que jamás se habían ventilado hasta entonces, como divorcio, anticonceptivos, violencia doméstica, adulterio, aborto, drogas, prostitución. Considerando que en ese tiempo no se podía pronunciar la palabra cromosoma sin sonrojarse, éramos de una audacia suicida.

Chile es un país mojigato, pudoroso y lleno de escrúpulos respecto a la sensualidad, incluso tenemos una expresión criolla para definir esta actitud: somos «cartuchos». Existe una doble moral. Se tolera la promiscuidad en los hombres, pero las mujeres deben fingir que el sexo no les interesa, sólo el amor y el romance, aunque en la práctica gozan de la misma libertad que los hombres, sino ¿con quién lo harían ellos? Las muchachas jamás deben aparecer colaborando abiertamente con el macho en el proceso de seducción, deben hacerlo con disimulo. Se supone que si son «difíciles», el pretendiente se mantiene interesado y las respeta, de lo contrario hay epítetos muy poco elegantes para calificarlas. Ésta es una manifestación más de nuestra hipocresía, otro de nuestros rituales para salvar las apariencias, porque en realidad hay tanto adulterio, embarazos de adolescentes, hijos fuera del matrimonio y abortos como en cualquier otro país. Tengo una amiga, que es médica ginecóloga y se ha especializado en atender adolescentes solteras embarazadas, que asegura que esto rara vez ocurre entre muchachas universitarias. Sucede en las familias de menos ingresos, donde los padres ponen énfasis en educar y dar oportunidades a los hijos varones, mucho más que a las hijas. Esas niñas no tienen planes, su futuro es gris, carecen de educación y de autoestima; algunas terminan preñadas por pura ignorancia. Se sorprenden al descubrir su estado, porque han cumplido al pie de la letra la advertencia de «no acostarse» con nadie. Lo que ocurre de pie detrás de una puerta no cuenta.

Han pasado más de treinta años desde que la revista *Paula* tomó por asalto a la pudibunda sociedad chilena y nadie puede negar que tuvo el efecto de un huracán. Cada uno de los controversiales reportajes de la revista colocaba a mi abuelo al borde de un paro cardíaco; discutíamos a gritos, pero al día siguiente yo volvía a visitarlo y él me recibía como si nada hubiera sucedido. En sus comienzos el feminismo, que hoy damos por sentado, era una extravagancia, y la mayoría de las chilenas preguntaban para qué lo querían, si de todos modos ellas eran reinas en sus casas y les parecía natural que afuera los hombres mandaran, como lo había establecido Dios y la naturaleza. Costaba una batalla convencerlas de que no eran reinas en ninguna parte. No había muchas feministas visibles, a lo más media docena. ¡Mejor ni acordarme de cuánta agresión soportamos! Me di cuenta que esperar que te respeten por ser feminista es como esperar que el toro no te embista porque eres vegetariana. También regresé a la televisión, esta vez con un programa de humor, con el cual adquirí cierta visibilidad, como le ocurre a cualquiera que aparece regularmente en una pantalla. Pronto se me abrieron todas las puertas, la gente me saludaba en la calle y por primera vez en mi vida me sentí a gusto en un lugar.

EL DISCRETO ENCANTO
DE LA BURGUESÍA

A menudo me pregunto en qué consiste exactamente la nostalgia. En mi caso no es tanto el deseo de vivir en Chile como el de recuperar la seguridad con que allí me muevo. Ése es mi terreno. Cada pueblo tiene sus costumbres, manías, complejos. Conozco la idiosincrasia del mío como la palma de mis manos, nada me sorprende, puedo anticipar las reacciones de los demás, entiendo lo que significan los gestos, los silencios, las frases de cortesía, las reacciones ambiguas. Sólo allí me siento cómoda socialmente, a pesar de que rara vez actúo como se espera de mí, porque sé comportarme y rara vez me fallan los buenos modales.

Cuando a los cuarenta y cinco años y recién divorciada emigré a Estados Unidos, obedeciendo al llamado de mi corazón impulsivo, lo primero que me sorprendió fue la actitud infaliblemente optimista de los norteamericanos, tan diferente a la de la gente del sur del continente, que siempre espera que suceda lo peor. Y sucede, por supuesto. En Estados Unidos la Constitución garantiza el derecho a buscar la felicidad, lo cual sería una presunción bochornosa en cualquier otro sitio. Este pueblo también cree tener derecho a estar siempre entretenido y si cualquiera de estos derechos le falla, se siente frustrado. El resto del mundo, en cambio, cuenta con que la vida es por lo general dura y aburrida, de modo que celebra mucho los chispazos de alegría y las diversiones, por modestas que sean, cuando éstas se presentan.

En Chile es casi una descortesía proclamarse demasiado satisfecho, porque puede irritar a los menos afortunados, por eso para nosotros la respuesta correcta a la pregunta de «¿cómo estás?» es «más o menos». Eso da pie para simpatizar con la situación del otro. Por ejemplo, si el interlocutor cuenta que acaba de serle diagnosticada una enfermedad fatal, sería de pésimo gusto refregarle lo bien que a uno le va, ¿verdad? Pero si el otro acaba de desposar a una rica heredera, uno tiene libertad para confesar su propia dicha sin temor a herir a nadie. Ésa es la idea del «más o menos», que suele confundir un poco a los extranjeros de visita: da tiempo para tantear el terreno y no meter la pata. Dicen los sociólogos que el cuarenta por ciento de los chilenos sufre de depresión, sobre todo las mujeres, que tienen que aguantar a los hombres. Se debe tener en cuenta también que —tal como dije antes— en nuestro país pasan desgracias mayúsculas y hay mucha gente pobre, por lo tanto no es elegante mencionar la propia buena suerte. Tuve un pariente que ganó dos veces el número mayor de la lotería, pero siempre decía que estaba «más o menos», para no ofender. De paso vale la pena contar cómo sucedió ese portento. Era un hombre muy católico y como tal nunca quiso oír hablar de anticonceptivos. Al nacer el séptimo hijo, fue a la iglesia, se arrodilló ante el altar y, desesperado, habló mano a mano con su Creador: «Señor, si me has mandado siete niños, bien podrías ayudarme a alimentarlos...», explicó y enseguida sacó del bolsillo una larga lista de gastos, que había preparado cuidadosamente. Dios escuchó con paciencia los argumentos de su leal servidor y acto seguido le reveló en un sueño el número mayor de la lotería. Los millones sirvieron por varios años, pero la inflación, que en aquella época era un mal endémico en Chile, redujo el capital en la misma medida en que aumentaba la familia. Cuando nació el último de sus hijos, el número once, el hombre volvió a la iglesia a alegar su situación y de nuevo Dios se ablandó enviándole otro sueño revelador. La tercera vez no le resultó.

En mi familia la felicidad era irrelevante. Mis abuelos, como la inmensa mayoría de los chilenos, se habrían quedado con la boca abierta al saber que hay gente dispuesta a gastar dinero en terapia para sobreponerse a la desdicha. Para ellos la vida era difícil y lo demás son tonterías. La satisfacción se encontraba en actuar bien, en la familia, el honor, el espíritu de servicio, el estudio y la propia fortaleza. La alegría estaba presente de muchas maneras en nuestras vidas y supongo que el amor no sería la menos importante; pero tampoco hablábamos de eso, nos habríamos muerto de vergüenza antes de pronunciar esa palabra. Los sentimientos fluían silenciosamente. Al contrario de la mayoría de los chilenos, nosotros teníamos el mínimo de contacto físico y nadie mimaba a los niños. La costumbre moderna de encomiar todo lo que hacen los chiquillos como si fuera una tremenda gracia no se usaba entonces; tampoco existía ansiedad por criarlos sin traumas. Menos mal, porque si yo hubiera crecido protegida y feliz, ¿de qué diablos escribiría ahora? Por eso he procurado hacerles la infancia lo más difícil posible a mis nietos, para que lleguen a ser adultos creativos. Sus padres no aprecian para nada mis esfuerzos.

La apariencia física se ignoraba en mi familia; mi madre asegura que no supo que era bonita hasta después de cumplir cuarenta años, porque eso nunca se mencionó. Se puede decir que en esto éramos originales, porque en Chile las apariencias son fundamentales. Lo primero que intercambian dos mujeres al encontrarse es un comentario sobre la ropa, el peinado o la dieta. Lo único que comentan los hombres sobre las mujeres —a espaldas de ellas, claro— es cómo se ven, y en general lo hacen en términos muy peyorativos, sin sospechar que ellas les pagan con la misma moneda. Las cosas que he oído decir a mis amigas sobre los hombres harían sonrojar a una piedra. En mi familia también era de mal gusto hablar de religión y, sobre todo, de dinero, en cambio de enfermedades era casi de lo único que se hablaba; es el tema más socorrido de los chilenos. Nos especializamos en intercambiar remedios y consejos médicos, allí todos recetan. Desconfiamos de los médicos, porque es obvio que la salud ajena no les conviene, por eso acudimos a ellos sólo cuando todo lo demás nos falla, después de haber probado cuanto remedio amigos y conocidos nos recomiendan. Digamos que usted se desmaya en la puerta del automercado. En cualquier otro país llaman una ambulancia, menos en Chile, donde lo levantan entre varios voluntarios, lo llevan en vilo detrás del mesón, le echan agua fría en la cara y aguardiente por el gaznate, para que se espabile; luego lo obligan a tragar unas píldoras que alguna señora saca de su cartera, porque «a una amiga suelen darle ataques y ese remedio es estupendo». Habrá un coro de expertos que diagnosticarán su estado en lenguaje clínico, porque todo ciudadano con dos dedos de frente sabe mucho de medicina. Uno de los expertos dirá, por ejemplo, que usted ha sufrido una obturación de una válvula en el cerebro, pero habrá otro que sospeche una doble torsión de los pulmones y un tercero que diga que se le reventó el páncreas. En pocos minutos habrá un griterío en torno a usted, mientras llega alguien que ha ido a la farmacia a comprar penicilina para inyectarle por si acaso. Mire, si usted es extranjero, le aconsejo que no se desmaye en un automercado chileno, puede ser una experiencia mortal.

Es tanta nuestra facilidad para recetar, que durante un crucero en barco comercial por el sur, cuyo destino era visitar la maravillosa laguna de San Rafael, nos dieron somníferos con el postre. A la hora de la cena el capitán notificó a los pasajeros que debíamos navegar por un trecho particularmente agitado, luego su mujer pasó entre las mesas repartiendo unas pastillas sueltas, cuyo nombre nadie se atrevió a preguntar. Las tomamos obedientemente y veinte minutos más tarde todos los pasajeros roncábamos a pierna suelta, como en el cuento de la Bella Durmiente. Mi marido dijo que en Estados Unidos les habrían metido juicio al capitán y a su señora por anestesiar a los pasajeros. En Chile estábamos muy agradecidos.

Antiguamente el tema de rigor, apenas se juntaban dos o más personas, era la política; si había dos chilenos en una pieza, seguro había tres partidos políticos. Entiendo que en una época tuvimos más de una docena de minipartidos socialistas; hasta la derecha, que es monolítica en el resto del mundo, entre nosotros estaba dividida. Sin embargo, ahora la política no nos apasiona; sólo nos referimos a ella para quejarnos del gobierno, una de las actividades nacionales favoritas. Ya no votamos religiosamente, como en los tiempos cuando acudían ciudadanos moribundos en camilla a cumplir con su deber cívico; tampoco se dan, como antes, los casos de mujeres que parían en el momento de votar. Los jóvenes no se inscriben en los registros electorales, un 84,3 por ciento piensa que los partidos políticos no representan sus intereses y un número mayor se manifiesta satisfecho de no participar para nada en la conducción del país. Éste es un fenómeno del mundo occidental, según parece. Los jóvenes no tienen interés en fosilizados esquemas políticos que se arrastran desde el siglo XIX; están preocupados de pasarlo bien y prolongar la adolescencia lo más posible, digamos hasta los cuarenta o cincuenta años. No seamos injustos, también hay un porcentaje militante de la ecología, la ciencia y la tecnología; incluso se sabe de algunos que hacen labor social a través de iglesias.

Los temas que han reemplazado a la política en la masa chilena son el dinero, que siempre falta, y el fútbol, que sirve de consuelo. Hasta el último analfabeto conoce los nombres de todos los jugadores que han pasado por nuestra historia, y tiene su propia opinión sobre cada uno de ellos. Este deporte es tan importante que en las calles penan las ánimas cuando hay un partido, porque la población entera se encuentra en estado catatónico frente al televisor. El fútbol es de las pocas actividades humanas en que se prueba la relatividad del tiempo: se puede congelar al arquero en el aire por medio minuto, repetir la misma escena varias veces en cámara lenta o de atrás para adelante y, gracias al cambio dc hora entre continentes, ver en Santiago un partido entre húngaros y alemanes antes de que lo jueguen.

En nuestra casa, como en el resto del país, no se dialogaba; las reuniones consistían en una serie de monólogos simultáneos, sin que nadie escuchara a nadie, puro barullo y estática, como una transmisión de radio en onda corta. Nada importaba, porque tampoco había interés por averiguar qué pensaban los demás, sólo en repetir el propio cuento. En la vejez mi abuelo se negó a ponerse un aparato auditivo, porque consideraba que lo único bueno de su mucha edad era no tener que escuchar las tonterías que dice la gente. Tal como expresó elocuentemente el general César Mendoza en 1983: «Estamos abusando de la expresión diálogo. Hay casos en que no es necesario el diálogo. Es más necesario un monólogo, porque un diálogo es una simple conversación entre dos personas». Mi familia habría estado plenamente de acuerdo con él.

Los chilenos tenemos tendencia a hablar en falsete. Mary Graham, una inglesa que visitó el país en 1822, comentó en su libro *Diario de mi residencia en Chile* que la gente era encantadora, pero tenía un tono desagradable de voz, sobre todo las mujeres. Nos tragamos la mitad de las palabras, aspiramos la «s» y cambiamos las vocales, de manera que «¿cómo estás, pues?» se convierte en «com tai puh» y la palabra «señor» puede ser «iñol». Existen al menos tres idiomas oficiales: el educado, que se usa en los medios de comunicación, en asuntos oficiales y que hablan algunos miembros de la clase alta cuando no están en confianza; el coloquial, que usa el pueblo, y el dialecto indescifrable y siempre cambiante de los jóvenes. El extranjero de visita no debe desesperar, porque aunque no entienda ni una palabra, verá que la gente se desvive por ayudarlo. Además hablamos bajito y suspiramos mucho. Cuando viví en Venezuela, donde hombres y mujeres son muy seguros de sí mismos y del terreno que pisan, era fácil distinguir a mis compatriotas por su manera de caminar como si fueran espías de incógnito y su invariable tono de pedir disculpas. Yo pasaba a diario a la panadería de unos portugueses a tomar mi primera taza de café de la mañana, donde siempre había una apurada multitud de clientes luchando por acercarse al mesón. Los venezolanos gritaban desde la puerta «¡Un marroncito, vale!» y más temprano que tarde el vaso de papel con el café con leche les llegaba, pasando de mano en mano. Los chilenos, que en aquella época éramos muchos, porque Venezuela fue de los pocos países latinoamericanos que recibían refugiados e inmigrantes, levantábamos un tembloroso dedo índice y suplicábamos con un hilo de voz: «Por favorcito, ¿me da un cafecito, señor?». Podíamos esperar en vano la mañana entera. Los venezolanos se burlaban de nuestros modales de mequetrefe, y a su vez a los chilenos nos espantaba la rudeza de ellos. A quienes vivimos en ese país por varios años nos cambió el carácter y, entre otras cosas, aprendimos a pedir el café a gritos.

Habiendo aclarado algunos puntos sobre el carácter y las costumbres de los chilenos, se entienden las dudas de mi madre: yo no tenía por dónde salir como soy. Nada poseo del decoro, la modestia o el pesimismo de mis parientes; nada de su miedo al qué dirán, al derroche y a Dios; no hablo ni escribo en diminutivo, soy más bien grandilocuente, y me gusta llamar la atención. Es decir, así soy ahora, después de mucho vivir. En mi infancia fui un bicho raro, en la adolescencia un roedor tímido —mi sobrenombre fue por muchos años «laucha», como llamamos a los insignificantes ratones domésticos— y en la juventud fui de todo, desde iracunda feminista hasta hippie coronada de flores. Lo más grave es que cuento secretos propios y ajenos. Total, un desastre. Si viviera en Chile nadie me hablaría. Eso sí, soy hospitalaria. Al menos esa virtud lograron inculcarme en la infancia. Toque usted a mi puerta a cualquier hora del día o la noche y yo, aunque recién me haya quebrado el fémur, saldré corriendo a abrirle y a ofrecerle el primer «tecito». En todo lo demás soy la antítesis de la dama que mis padres, con grandes sacrificios, trataron de hacer de mí. No es culpa de ellos, simplemente me faltó materia prima y además se me torció el destino.

Si me hubiera quedado en mi patria, como siempre quise, casada con uno de mis primos en segundo grado, en el caso improbable de que alguno me lo hubiera propuesto, tal vez hoy llevaría con dignidad la sangre de mis antepasados, y tal vez el escudo de los perros pulguientos adquirido por mi padre estaría colgado en lugar de honor en mi casa. Debo agregar que, por muy rebelde que haya sido en mi vida, mantengo los estrictos modales de cortesía que me inculcaron a sangre y fuego, como corresponde a una persona «decente». Ser decente era fundamental en mi familia. Esa palabra abarcaba mucho más de lo que sería posible explicar en estas páginas, pero puedo decir que sin dudas los buenos modales constituían un alto porcentaje de la supuesta decencia.

Me he ido por las ramas y debo retomar el hilo, si es que hay algún hilo en este divagar. Así es la nostalgia: un lento baile circular. Los recuerdos no se organizan cronológicamente, son como el humo, tan cambiantes y efímeros, que si no se escriben desaparecen en el olvido. Intento organizar estas páginas por temas o por épocas, pero me resulta casi un artificio, puesto que la memoria va y viene, como una interminable cinta de Moebius.

UN SOPLO DE HISTORIA

Y como de nostalgia estamos hablando, le suplico un poco de paciencia, porque no puedo separar el tema de Chile de mi propia vida. Mi destino está hecho de pasiones, sorpresas, éxitos y pérdidas; no es fácil contarlo en dos o tres frases. En todas las vidas humanas supongo que hay momentos en los cuales cambia la suerte o se tuerce el rumbo y hay que partir en otra dirección. En la mía esto ha ocurrido varias veces, pero tal vez uno de los eventos más definitivos fue el golpe militar de 1973. Si no fuera por este acontecimiento, seguramente yo nunca hubiera emigrado de Chile, no sería escritora y no estaría casada con un americano viviendo en California; tampoco me acompañaría esta larga nostalgia y hoy no estaría escribiendo estas páginas. Esto me conduce inevitablemente al tema de la política. Para entender cómo ocurrió el golpe militar, debo referirme brevemente a nuestra historia política, desde los comienzos hasta el general Augusto Pinochet, quien hoy es un abuelo senil en arresto domiciliario, pero cuya importancia es imposible ignorar. No faltan historiadores que lo consideran la figura política más singular del siglo, aunque esto no es necesariamente un juicio favorable.

En Chile el péndulo político ha oscilado de un extremo a otro, hemos probado cuanto sistema de gobierno existe y hemos sufrido las consecuencias; no es raro, por lo tanto, que tengamos más ensayistas e historiadores por metro cuadrado que cualquiera otra nación del mundo. Nos estudiamos a perpetuidad; tenemos el vicio de analizar nuestra realidad como si fuera un permanente problema que requiere urgentes soluciones. Los cabezones que se queman las pestañas estudiándonos son unos latosos herméticos a quienes no se les entiende ni una palabra de lo que dicen; así es que nadie les hace mucho caso, pero eso no los desanima, por el contrario, cada año publican centenares de tratados académicos, todos muy pesimistas. Entre nosotros el pesimismo es de buen tono, se supone que sólo los tontos andan contentos. Somos una nación en vías de desarrollo, la más estable, segura y próspera de América Latina y una de las más organizadas, pero nos molesta mucho cuando alguien opina que «el país está de lo más bien». Quien se atreva a decirlo será tachado de ignorante que no lee los diarios.

Desde su independencia en 1810, Chile ha sido manejado por la clase social con poder económico. Antes eran dueños de tierras, hoy son empresarios, industriales, banqueros. Antes pertenecían a una pequeña oligarquía descendiente de europeos, compuesta por un puñado de familias; hoy la clase dirigente es más extensa, son unos cuantos miles de personas, que tienen el sartén por el mango. Durante los primeros cien años de la república, los presidentes y los políticos salían de la clase alta, pero después la clase media también participó en el gobierno. Pocos, sin embargo, provenían de la clase obrera. Los presidentes con conciencia social fueron hombres conmovidos por la desigualdad, la injusticia y la miscria del pueblo, aunque no las sufrieron personalmente. En la actualidad, el presidente y la mayoría de los políticos, excepto varios de derecha, no forman parte del grupo económico que controla realmente el país. Se da en este momento la paradoja de que gobierna una coalición de partidos de centro y de izquierda (Concertación), con un presidente socialista, pero la economía es neocapitalista.

La oligarquía conservadora manejó al país con mentalidad feudal hasta 1920. Una excepción fue el presidente liberal José Manuel Balmaceda en 1891, quien intuyó las necesidades del pueblo e intentó llevar a cabo algunas reformas que herían los intereses de los patrones, a pesar de que él mismo provenía de una familia poderosa, dueña de un inmenso latifundio. El Parlamento conservador le hizo una feroz oposición, se produjo una crisis social y política, se sublevó la Marina para apoyar al Parlamento y se desató una cruenta guerra civil, que terminó con el triunfo del Parlamento y el suicidio de Balmaceda. Sin embargo, ya se habían plantado las semillas de las ideas sociales y en los años siguientes aparecieron los partidos radical y comunista.

En 1920 fue elegido por primera vez un caudillo que predicaba justicia social, Arturo Alessandri Palma, apodado «el León», perteneciente a la clase media, segunda generación de inmigrantes italianos. Aunque su familia no era rica, su ascendencia europea, su cultura y educación lo colocaban naturalmente en la clase dirigente. Promulgó leyes sociales y en su gobierno los trabajadores se organizaron y tuvieron acceso a los partidos políticos. Alessandri propuso modificar la Constitución para establecer una verdadera democracia, pero las fuerzas conservadoras de oposición lo impidieron, a pesar de que la mayoría de los chilenos, sobre todo la clase media, lo apoyaba. El Parlamento (¡otra vez el Parlamento!) le hizo difícil gobernar, le exigió que abandonara el cargo y se fuera exiliado a Europa. Sucesivas juntas militares intentaron gobernar, pero el país perdió el rumbo y el clamor popular exigió el regreso del León, quien terminó su período promulgando una nueva Constitución.

Las Fuerzas Armadas, que se sentían marginadas del poder y creían que el país les debía mucho, dadas sus victorias en las guerras del siglo XIX, instalaron por la fuerza en la presidencia al general Carlos Ibáñez del Campo. Rápidamente Ibáñez tomó medidas dictatoriales, a las que los chilenos hasta ese momento habían sido ajenos, y esto produjo una oposición civil tan formidable, que se paralizó el país y el general tuvo que renunciar. Se inició entonces un período que podemos calificar de sana democracia. Se formaron alianzas de partidos y subió la izquierda al poder con el presidente Pedro Aguirre Cerda, del Frente Popular, en el cual participaban el partido comunista y el radical. Después de Pedro Aguirre Cerda, el derrocado Ibáñez se unió a las fuerzas de izquierda y se sucedieron tres consecutivos presidentes radicales. (A pesar de que entonces yo era una mocosa, me acuerdo que, cuando Ibáñez fue elegido para gobernar por segunda vez, en mi familia hubo duelo. Desde mi rincón bajo el piano oía los pronósticos apocalípticos de mi abuelo y mis tíos; pasé noches sin dormir, convencida de que las huestes del enemigo arrasarían nuestra casa. Nada de eso sucedió. El general había aprendido la lección anterior y se mantuvo dentro de la ley.) Durante veinte años hubo gobiernos de centro-izquierda hasta 1958, cuando triunfó la derecha con Jorge Alessandri, hijo del León y completamente diferente a su padre. El León era populista, de ideas avanzadas para su tiempo y una tremenda personalidad; su hijo era conservador y proyectaba una imagen más bien pusilánime.

Mientras en la mayoría de los otros países latinoamericanos se sucedían las revoluciones y los caudillos se apoderaban del gobierno a balazos, en Chile se consolidaba una democracia ejemplar. En la primera mitad del siglo XX los avances sociales se cristalizaron. La educación estatal, gratuita y obligatoria, la salud pública al alcance de todos y uno de los sistemas más avanzados de seguridad social del continente, permitió el fortalecimiento de una vasta clase media educada y politizada, así como un proletariado con conciencia de clase. Se formaron sindicatos, centrales de obreros, de empleados, de estudiantes. Las mujeres obtuvieron el voto y los procesos electorales se perfeccionaron. (Una elección en Chile es tan civilizada como la hora del té en el hotel Savoy de Londres. Los ciudadanos se ponen en «la colita» para votar, sin que jamás se produzca ni el menor altercado, aunque los ánimos políticos estén caldeados. Hombres y mujeres votan en locales separados, custodiados por soldados, para evitar disturbios o cohecho. No se vende alcohol desde el día anterior y el comercio y las oficinas permanecen cerrados; ese día no se trabaja.)

La inquietud por la justicia social alcanzó también a la Iglesia católica, de enorme influencia en Chile, que sobre la base de las nuevas encíclicas hizo grandes esfuerzos por apoyar los cambios que se habían producido en el país. Entretanto en el mundo se afirmaban dos sistemas políticos opuestos: capitalismo y socialismo. Para hacer frente al marxismo, nació en Europa la democracia cristiana, partido de centro, con un mensaje humanista y comunitario. En Chile, donde prometía una «revolución en libertad», la democracia cristiana arrasó en la elección de 1964, derrotando a la derecha conservadora y a los partidos de izquierda. El triunfo abrumador de Eduardo Frei Montalva, con una mayoría demócrata cristiana en el Parlamento, marcó un hito; el país había cambiado, se suponía que la derecha pasaba a la historia, que la izquierda jamás tendría su oportunidad y que la democracia cristiana gobernaría por los siglos de los siglos, pero el plan no resultó y en pocos años el partido perdió apoyo popular; la derecha no fue pulverizada, como se había pronosticado, y la izquierda, repuesta de la derrota, se organizó. Las fuerzas estaban divididas en tres tercios: derecha, centro e izquierda.

Al final del período de Frei Montalva el país estaba frenético. Había un deseo de revancha por parte de la derecha, que se sentía expropiada de sus bienes y temía perder definitivamente el poder que siempre había ostentado, y un gran resentimiento por parte de las clases bajas, que no se sintieron representadas por la democracia cristiana. Cada tercio presentó su candidato: Jorge Alessandri por la derecha, Radomiro Tomic por la democracia cristiana y Salvador Allende por la izquierda.

Los partidos de izquierda se juntaron en una coalición llamada Unidad Popular, que incluía al partido comunista. Estados Unidos se alarmó, a pesar de que las encuestas daban como ganadora a la derecha, y destinó varios millones de dólares para combatir a Allende. Las fuerzas políticas estaban repartidas de tal modo, que Allende, con su proyecto de «la vía chilena al socialismo» ganó por estrecho margen, con treinta y ocho por ciento de los votos. Como no obtuvo mayoría absoluta, el Congreso debía ratificar la elección. Tradicionalmente se había designado al candidato con más votos. Allende era el primer marxista en alcanzar la presidencia de un país mediante votación democrática. Los ojos del mundo se volvieron hacia Chile.

Salvador Allende Gossens era un médico carismático, que había sido ministro de Salud en su juventud, senador por muchos años y el eterno candidato presidencial de la izquierda. Él mismo hacía el chiste de que a su muerte escribirían en su epitafio: «Aquí yace el próximo presidente de Chile». Era valiente, leal con sus amigos y colaboradores, magnánimo con sus adversarios. Lo tachaban de vanidoso por su forma de vestirse, su gusto por la buena vida y por las mujeres bellas, pero era muy serio respecto a sus convicciones políticas; en ese aspecto nadie puede acusarlo de frivolidad. Sus enemigos preferían no enfrentarlo personalmente, porque tenía fama de manipular cualquier situación a su favor. Pretendía realizar profundas reformas económicas dentro del marco de la Constitución, extender la reforma agraria iniciada por el gobierno anterior, nacionalizar empresas privadas, bancos y las minas de cobre, que estaban en manos de compañías norteamericanas. Proponía llegar al socialismo respetando todos los derechos y libertades de los ciudadanos, un experimento que hasta entonces no se había intentado.

La revolución cubana tenía ya diez años de existencia, a

pesar de los esfuerzos de Estados Unidos por destruirla, y había movimientos guerrilleros de izquierda en muchos países latinoamericanos. El héroe indiscutido de la juventud era el Che Guevara, asesinado en Bolivia, cuyo rostro de santo con boina y cigarro se había convertido en símbolo de la lucha por la justicia. Eran los tiempos de la guerra fría, cuando una paranoia irracional dividió el mundo en dos ideologías y determinó la política exterior de la Unión Soviética y de Estados Unidos durante varias décadas. Chile fue uno de los peones sacrificados en aquel conflicto de titanes. La administración de Nixon decidió intervenir directamente en el proceso electoral chileno. Henri Kissinger, a cargo de la política exterior, quien admitía no saber nada de América Latina, a la cual consideraba el patio trasero de Estados Unidos, dijo que «no había razón para ver cómo un país se volvía comunista por la irresponsabilidad de su propia gente, sin hacer algo al respecto». (En América Latina circula este chiste: ¿Sabe por qué en Estados Unidos no hay golpes militares? Porque no hay embajada norteamericana.) A Kissinger la vía democrática hacia el socialismo de Salvador Allende le parecía más peligrosa que la revolución armada, porque podía contagiar al resto del continente como una epidemia.

La CIA ideó un plan para evitar que Allende asumiera la presidencia. Primero intentó sobornar a algunos miembros del Congreso para que no lo designaran y llamaran a una segunda votación en la cual habría sólo dos candidatos, Allende y un demócrata cristiano apoyado por la derecha. Como lo del soborno no resultó, planeó secuestrar al comandante en jefe de las Fuerzas Armadas, general René Schneider, por un supuesto comando de izquierda, que en realidad era un grupo neofascista, con la idea de provocar el caos y una intervención militar. El general murió baleado en la refriega y el plan tuvo el efecto contrario: una oleada de horror sacudió al país y el Congreso por unanimidad entregó a Salvador Allende la presidencia. A partir de ese momento la derecha y la CIA complotaron para derrocar al gobierno de la Unidad Popular, aun a costa de la destrucción de la economía y de la larga trayectoria democrática de Chile. Pusieron en acción el plan llamado «desestabilización», que consistía en cortar los créditos internacionales y una campaña de sabotaje para provocar la ruina económica y la violencia social. Simultáneamente seducían con canto de sirenas a los militares, que en última instancia representaban la carta más valiosa en el juego.

La derecha, que controla la prensa en Chile, organizó una campaña de terror, que incluía afiches con soldados soviéticos arrancando niños de los brazos de sus madres para llevarlos a los gulags. El día de la elección, en 1970, cuando el triunfo de Allende fue evidente, salió el pueblo a celebrar; nunca se había visto una manifestación popular de tal magnitud. La derecha había terminado por creer su propia propaganda del miedo y se atrincheró en sus casas, convencida de que los «rotos» enardecidos iban a cometer toda suerte de tropelías. La euforia del pueblo fue extraordinaria —consignas, banderas y abrazos—, pero no hubo excesos y al amanecer los manifestantes se retiraron a sus hogares, roncos de tanto cantar. Al día siguiente había largas filas ante los bancos y las agencias de viajes del barrio alto: mucha gente retiraba su dinero y compraba pasajes para escapar al extranjero, convencida de que el país iba por el mismo camino que Cuba. Para dar un espaldarazo al gobierno socialista, Fidel Castro llegó de visita, lo cual agravó el pánico de la oposición, sobre todo al ver el recibimiento que se le daba al controvertido comandante. El pueblo se juntó a lo largo del camino desde el aeropuerto hasta el centro de Santiago, organizado por sindicatos, escuelas, uniones de profesionales, partidos políticos, etc., con banderas, estandartes y bandas de música, además de la inmensa masa anónima que fue a mirar el espectáculo por curiosidad, con el mismo entusiasmo con que años después le daría la bienvenida al Papa. La visita del barbudo comandante cubano se extendió demasiado: veintiocho largos días en los cuales recorrió el país de norte a sur acompañado por Allende. Creo que todos dimos un suspiro de alivio cuando partió; estábamos extenuados, pero no se puede negar que su comitiva dejó el aire lleno de música y risa; los cubanos resultaron encantadores. Veinte años más tarde me tocaría conocer a cubanos exiliados en Miami y comprobé que son tan simpáticos como los de la isla. Los chilenos, siempre tan serios y solemnes, quedamos sacudidos: no sabíamos que la vida y la revolución podían tomarse con tanta alegría.

La Unidad Popular era popular, pero no era unida. Los partidos de la coalición peleaban como perros por cada morcilla de poder y Allende no sólo tenía que enfrentar la oposición de la derecha, sino también a los críticos entre sus filas, que exigían más velocidad y radicalismo. Los trabajadores se tomaba fábricas y fundos, cansados de esperar la nacionalización de las empresas privadas y la extensión de la reforma agraria. El sabotaje de la derccha, la intervención norteamericana y los errores del gobierno de Allende provocaron una crisis económica, política y social muy grave. La inflación llegó oficialmente a trescientos sesenta por ciento al año, aunque la oposición aseguraba que era más de mil por ciento, es decir, una dueña de casa despertaba sin saber cuánto le costaría el pan del día. El gobierno fijó los precios de los productos básicos; industriales y agricultores quebraron. Era tal la escasez, que la gente pasaba horas esperando para conseguir un pollo raquítico o una taza de aceite, pero quienes podían pagar compraban lo que querían en el mercado negro. Con su manera modesta de hablar y de comportarse, los chilenos se referían a «la colita», aunque ésta tuviera tres cuadras de largo, y solían pararse en ella sin saber qué vendían, por pura costumbre. Pronto hubo psicosis de desabastecimiento y apenas se juntaban más de tres personas, se colocaban automáticamente en fila. Así adquirí cigarrillos, aunque nunca he fumado, y así conseguí once tarros de cera incolora para lustrar zapatos y un galón de extracto de soya, que no sospecho para qué se usa. Existían profesionales de las colas, que ganaban propina por guardar el puesto; entiendo que mis hijos redondeaban su mesada de este modo.

A pesar de los problemas y del clima de confrontación permanente, el pueblo estaba entusiasmado porque sintió por primera vez que tenía el destino en sus manos. Se produjo un verdadero renacimiento de las artes, el folklore, los movimientos populares y estudiantiles. Masas de voluntarios salieron a alfabetizar por los rincones de Chile; se publicaban libros al precio de un periódico, para que en cada casa hubiera una biblioteca. Por su parte la derecha económica, la clase alta y un sector de la clase media, en especial las dueñas de casa, que sufrían el desabastecimiento y el desorden, detestaban a Allende y temían que se perpetuara en el gobierno, como Fidel Castro en Cuba.

Salvador Allende era primo de mi padre y fue la única persona de la familia Allende que permaneció en contacto con mi madre después que mi padre se fuera. Era muy amigo de mi padrastro, de modo que tuve varias ocasiones de estar con él durante su presidencia. Aunque no colaboré con su gobierno, esos tres años de la Unidad Popular fueron seguramente los más interesantes de mi vida. Nunca me he sentido tan viva, ni he vuelto a participar tanto en una comunidad o en el acontecer de un país.

Desde la perspectiva actual, se puede decir que el marxismo ha muerto como proyecto económico, pero creo que algunos de los postulados de Salvador Allende siguen siendo atractivos, como la búsqueda de justicia e igualdad. Se trataba de establecer un sistema que diera a todos las mismas oportunidades y de crear «el hombre nuevo», cuya motivación no sería la ganancia personal, sino el bien común. Creíamos que es posible cambiar a la gente a punta de adoctrinamiento; nos negábamos a ver que en otros lugares, donde incluso se había tratado de imponer el sistema con mano de hierro, los resultados eran muy dudosos. Todavía no se vislumbraba la debacle del mundo soviético. La premisa de que la naturaleza humana es susceptible de un cambio tan radical ahora parece ingenua, pero entonces era la máxima aspiración de muchos de nosotros. Esto prendió como una hoguera en Chile. Las características propias de los chilenos que ya he mencionado, como la sobriedad, el horror de ostentar, de destacarse por encima de los demás o llamar la atención, la generosidad, su tendencia a transar antes que confrontar, la mentalidad legalista, el respeto por la autoridad, la resignación ante la burocracia, el gusto por la discusión política, y muchas otras, encontraron su lugar perfecto en el proyecto de la Unidad Popular. Incluso la moda fue afectada. Durante esos tres años, en las revistas femeninas las modelos aparecieron vestidas con rudos textiles artesanales y zapatones proletarios; se usaban sacos de harina blanqueados con cloro para hacer blusas. Yo era responsable de la sección de decoración en la revista donde trabajaba y mi desafío era fotografiar ambientes acogedores y agradables a un costo mínimo: lámparas hechas con tarros, alfombras de cañamazo, muebles de pino teñidos de oscuro y quemados con soplete para que parecieran antiguos. Los llamábamos «muebles fraileros», y la idea era que cualquiera podía hacerlos en su casa con cuatro tablas y un serrucho. Era la época de oro del llamado DFL2, que permitía adquirir viviendas de ciento cuarenta metros cuadrados como máximo, a precio reducido y con ventajas de impuestos. La mayoría de las casas y apartamentos eran del tamaño de un garaje para dos carros; la nuestra tenía noventa metros cuadrados y nos parecía un palacio. Mi madre, quien estaba a cargo de la sección de cocina de la revista *Paula*, debía inventar recetas baratas que no incluyeran productos escasos; teniendo en cuenta que faltaba de todo, su creatividad estaba un poco limitada. Una artista peruana que llegó de visita durante ese tiempo preguntó extrañada por qué las chilenas se vestían de leprosas, vivían en casitas de perro y comían como faquires.

A pesar de los múltiples problemas que enfrentó la población durante ese tiempo, desde desabastecimiento hasta violencia política, tres años más tarde la Unidad Popular aumentó sus votos en las elecciones parlamentarias de marzo de 1973. Los esfuerzos por derrocar al Gobierno con sabotaje y propaganda, no habían dado los resultados esperados; entonces la oposición entró en la última etapa de la conspiración y provocó un golpe militar. Los chilenos no teníamos idea de lo que eso significaba, porque habíamos gozado de una larga y sólida democracia, y nos jactábamos de ser distintos a otros países del continente, que llamábamos despectivamente «repúblicas bananeras», donde a cada rato un caudillo se apoderaba del Gobierno a balazos. No, eso jamás nos ocurriría, sosteníamos, porque en Chile hasta los soldados eran democráticos y nadie se atrevería a violar nuestra Constitución. Era pura ignorancia, porque si hubiéramos revisado nuestra historia, conoceríamos mejor la mentalidad militar.

Al hacer la investigación para mi novela *Retrato en sepia*, publicada en 2000, me enteré de que en el siglo XIX nuestras Fuerzas Armadas tuvieron varias guerras, dando muestras de tanta crueldad como coraje. Uno de los momentos más famosos de nuestra historia fue la toma del morro de Arica (junio de 1880) durante la guerra del Pacífico, contra Perú y Bolivia. El morro es un alto promontorio inexpugnable, doscientos metros de caída vertical hacia el mar, donde había numerosas tropas peruanas apertrechadas de artillería pesada, defendidas por tres kilómetros de parapeto de sacos de arena y rodeadas de un campo minado. Los soldados chilenos se lanzaron al ataque con cuchillos corvos entre los dientes y bayonetas caladas. Muchos cayeron bajo las balas enemigas o volaron en pedazos al pisar las minas, pero nada logró detener a los demás, que llegaron hasta las fortificaciones y las treparon, enardecidos de sangre. Destriparon a cuchillo y bayoneta a los peruanos y se tomaron el morro en una increíble proeza que tardó sólo cincuenta y cinco minutos; luego asesinaron a los vencidos, remataron a heridos y saquearon la ciudad de Arica. Uno de los comandantes peruanos se tiró al mar para no caer en manos de los chilenos. La figura del gallardo oficial lanzándose desde el acantilado montado en su caballo negro con herraduras de oro es parte de la leyenda de aquel episodio feroz. La guerra se decidió más tarde con el triunfo chileno en la batalla de Lima, que los peruanos recuerdan como una masacre, a pesar de que los textos de historia de Chile aseguran que nuestras tropas ocuparon la ciudad ordenadamente.

La historia la escriben los vencedores a su manera. Cada país presenta a sus soldados bajo la luz más favorable, se ocultan los errores, se matiza la maldad y después de la batalla ganada todos son héroes. Como nos criamos con la idea de que las Fuerzas Armadas chilenas estaban compuestas de obedientes soldados al mando de irreprochables oficiales, nos llevamos una tremenda sorpresa el martes 11 de septiembre de 1973, cuando los vimos en acción. Fue tanto el salvajismo, que se ha dicho que estaban drogados, tal como se supone que los hombres que se tomaron el morro de Arica estaban intoxicados con «chupilca del diablo», una mezcla explosiva de aguardiente y pólvora. Rodearon con tanques el Palacio de la Moneda, sede del Gobierno y símbolo de nuestra democracia, y luego lo bombardearon desde el aire. Allende murió dentro del palacio; la versión oficial es que se suicidó. Hubo centenares de muertes y tantos miles de prisioneros, que los estadios deportivos y hasta algunas escuelas fueron convertidas en cárceles, centros de tortura y campos de concentración. Con el pretexto de librar al país de una hipotética dictadura comunista que podría ocurrir en el futuro, la democracia fue reemplazada por un régimen de terror que habría de durar diecisiete años y dejar secuelas por un cuarto de siglo.

Recuerdo el miedo como un permanente sabor metálico en la boca.

PÓLVORA Y SANGRE

Para dar una idea de lo que fue el golpe militar, hay que imaginar lo que sentiría un norteamericano o un inglés si sus soldados atacaran con armamento de guerra la Casa Blanca o el palacio de Buckingham, provocaran la muerte de millares de ciudadanos, entre ellos el presidente de Estados Unidos o la reina y el primer ministro británicos, declararan el Congreso o el Parlamento en receso indefinido, destituyeran la Corte Suprema, suspendieran las libertades individuales y los partidos políticos, instauraran censura absoluta de los medios de comunicación y se abocaran a la tarea de expurgar toda voz disidente. Ahora imagine que estos mismos soldados, poseídos de fanatismo mesiánico, se instalaran en el poder por largo tiempo, dispuestos a eliminar de raíz a sus adversarios ideológicos. Eso es lo que sucedió en Chile.

La aventura socialista terminó trágicamente. La junta militar, presidida por el general Augusto Pinochet, aplicó la doctrina del capitalismo salvaje, como ha sido llamado el experimento neoliberal, pero ignoró que para su funcionamiento equilibrado se requiere una fuerza laboral en pleno uso de sus derechos. Para destruir hasta la última semilla de pensamiento izquierdista e implantar un capitalismo despiadado, ejercieron una represión brutal. Chile no fue un caso aislado, la larga noche de las dictaduras cubriría buena parte del continente durante más de una década. En 1975 la mitad de los latinoamericanos vivíamos bajo algún tipo de gobierno represivo, muchos de ellos apoyados por Estados Unidos, que tiene un bochornoso récord de derrocar gobiernos elegidos por otros pueblos y apoyar tiranías que jamás serían toleradas en su propio territorio, como Papa Doc en Haití, Trujillo en la República Dominicana, Somoza en Nicaragua y tantas otras.

Me doy cuenta que al escribir estos hechos soy subjetiva. Debiera contarlos desapasionadamente, pero sería traicionar mis convicciones y sentimientos. Este libro no intenta ser una crónica política o histórica, sino una serie de recuerdos, que siempre son selectivos y están teñidos por la propia experiencia e ideología.

La primera parte de mi vida terminó aquel 11 de septiembre de 1973. No me extenderé demasiado en esto, porque ya lo he contado en los últimos capítulos de mi primera novela y en mi memoria *Paula*. La familia Allende, es decir, aquellos que no murieron, fueron presos o pasaron a la clandestinidad, partieron al exilio. Mis hermanos, que estaban en el extranjero, no regresaron. Mis padres, que eran embajadores en Argentina, se quedaron en Buenos Aires por un tiempo, hasta que fueron amenazados de muerte y debieron escapar. La familia de mi madre, en cambio, era en su mayoría enemiga acérrima de la Unidad Popular y muchos celebraron con champaña el golpe militar. Mi abuelo detestaba el socialismo y esperaba con ansia el término del gobierno de Allende, pero nunca quiso que fuera a costa de la democracia. Estaba horrorizado al ver en el poder a los militares, a quienes despreciaba, y me ordenó que no me metiera en problemas; pero era imposible mantenerme al margen de lo que ocurría. El viejo llevaba meses observándome y haciéndome preguntas capciosas, creo que sospechaba que en cualquier momento su nieta se esfumaría. ¿Cuánto sabía de lo que ocurría a su alrededor? Vivía aislado, casi no salía a la calle y su contacto con la realidad era a través de la prensa, que ocultaba y mentía. Tal vez la única que le contaba el otro lado de la medalla era yo. Al principio traté de mantenerlo informado, porque en mi calidad de periodista tenía acceso a la red clandestina de rumores que reemplazó las fuentes serias de información durante ese tiempo, pero después dejé de darle malas noticias para no deprimirlo y asustarlo. Empezaron a desaparecer amigos y conocidos, a veces algunos regresaban después de semanas de ausencia, con ojos de loco y huellas de tortura. Muchos buscaron refugio en otras partes. México, Alemania, Francia, Canadá, España y varios otros países los recibieron al principio, pero después de un tiempo dejaron de hacerlo, porque a la oleada de chilenos se sumaban millares de otros exiliados latinoamericanos.

En Chile, donde la amistad y la familia son muy importantes, sucedió un fenómeno que sólo se explica por el efecto que tiene el miedo en el alma de la sociedad. La traición y las delaciones acabaron con muchas vidas; bastaba una voz anónima por teléfono para que los mal llamados servicios de inteligencia le echaran el guante al acusado y en muchos casos no volviera a saberse de su persona. La gente se dividió entre los que apoyaban el gobierno militar y los opositores; odio, desconfianza y miedo arruinaron la convivencia. Hace más de una década que se instauró la democracia, pero esa división todavía puede palparse, incluso en el seno de muchas familias. Los chilenos aprendieron a callar, a no oír y a no ver, porque mientras pudieran ignorar los hechos, no se sentirían cómplices. Conozco personas para quienes el gobierno de Allende representaba lo más deleznable y peligroso que podía ocurrir. Para ellos, gente que se precia de conducir su vida de acuerdo a estrictos preceptos cristianos, la necesidad de destruirlo fue tan imperiosa, que no cuestionaron los métodos. Ni siquiera lo hicieron cuando un padre desesperado, Sebastián Acevedo, se roció con gasolina y se prendió fuego, inmolándose como un bonzo en la plaza de Concepción, como protesta porque a sus hijos los estaban torturando. Se las arreglaron para ignorar las violaciones a los derechos humanos —o fingir que lo hacían— durante muchos años y, ante mi sorpresa, todavía suelo encontrar algunos que niegan lo ocurrido, a pesar de las evidencias. Puedo entenderlos, porque están aferrados a sus creencias como yo lo estoy a las mías. La opinión que tienen del gobierno de Allende es casi idéntica a la que tengo yo de la dictadura de Pinochet, con la diferencia que en mi caso el fin no justifica los medios. Los crímenes perpetrados en la sombra durante esos años han ido emergiendo inevitablemente. Ventilar la verdad es el comienzo de la reconciliación, aunque las heridas tardarán mucho en cicatrizar, porque los responsables de la represión no han admitido sus faltas y no están dispuestos a pedir perdón. Las acciones del régimen militar quedarán impunes, pero no pueden ya ocultarse ni ignorarse. Muchos piensan, sobre todo los jóvenes que se criaron sin espíritu crítico ni diálogo político, que basta de escarbar el pasado, debemos mirar hacia adelante, pero las víctimas y sus familiares no pueden olvidar. Tal vez debamos esperar que muera el último testigo de aquellos tiempos, antes de cerrar ese capítulo de nuestra historia.

Los militares que se tomaron el poder no eran dechados de cultura. Vista desde la distancia que dan los muchos años transcurridos desde entonces, las cosas que decían son para la risa, pero en aquellos momentos resultaban más bien terroríficas. La exaltación de la patria, de los «valores cristianos occidentales» y del militarismo llegó a niveles ridículos. El país se manejaba como un cuartel. Por años yo había escrito una columna de humor en una revista y conducido un programa liviano en televisión, pero en ese ambiente no podía hacerlo, porque en realidad no había de qué reírse, salvo de los gobernantes, lo cual podía costar la vida. Tal vez el único resquicio de humor eran «los martes con Merino». Uno de los generales de la junta, el almirante José Toribio Merino, se reunía semanalmente con la prensa para opinar sobre diferentes temas. Los periodistas aguardaban con ansias estas perlas de claridad mental y sabiduría. Por ejemplo, respecto al cambio de la Constitución con que se pretendía legalizar el asalto de los militares al poder en 1980, opinaba con la mayor seriedad que «la primera trascendencia que le veo es que es trascendental». Y enseguida el almirante explicaba para que todos entendieran: «Ha habido dos criterios en la elaboración de esta Constitución; el criterio político, diríamos platónico-aristotélico en lo clásico griego, y en la otra parte el criterio absolutamente militar, que viene de Descartes, que llamaríamos cartesiano. En el cartesianismo la

Constitución se encuentra toda aquella, aquel tipo de definiciones que son extraordinariamente positivas, que buscan la verdad sin alternativas, en que el uno más dos no puede ser más que tres, y que no hay otra alternativa sino que el tres...». Poniéndose en el caso de que a estas alturas la prensa hubiera perdido el hilo de su discurso, Merino aclaraba: «... y la verdad cae en esa forma frente a la verdad aristotélica, o la verdad clásica, digamos, que daba ciertos matices para la búsqueda de ella; tiene una importancia enorme en un país como el nuestro, que está buscando nuevos caminos, que está buscando nuevas formas de vivir...».

Este mismo almirante justificó la decisión del Gobierno de ponerlo a cargo de la economía, diciendo que había estudiado economía como hobby en cursos de la Enciclopedia Británica. Y con el mismo candor decía que «la guerra es la profesión más linda que hay. ¿Y qué es la guerra? La continuación de la paz, en la cual se realiza todo aquello que la paz no permite, para llevar al hombre a la dialéctica perfecta, que es la extinción del enemigo».

En 1980, cuando aparecían estas maravillas en la prensa, yo ya no estaba en Chile. Permanecí un tiempo, pero cuando sentí que la represión era como un lazo corredizo en torno a mi cuello, me fui. Vi cambiar al país y a la gente. Traté de adaptarme y de no llamar la atención, como me pedía mi abuelo, pero era imposible, porque en mi condición de periodista me enteraba de mucho. Al principio el temor era algo vago y difícil de definir, como un mal olor. Descalificaba los terribles rumores que circulaban, alegando que no había pruebas, y cuando me enfrentaba a las pruebas, decía que eran excepciones. Me creía a salvo porque «no participaba en política», mientras amparaba fugitivos desesperados en mi casa o los ayudaba a saltar el muro de una embajada en busca asilo. Suponía que si era arrestada podría explicar que lo hacía por razones humanitarias; estaba en la luna, evidentemente. Me cubrí de ronchas de pies a cabeza, no podía dormir, bastaba el ruido de un automóvil en la calle después del toque de queda para quedar temblando por horas. Me tomó año y medio darme cuenta del riesgo que corría y por fin, en 1975, después de una semana particularmente agitada y peligrosa, me fui a Venezuela, llevando conmigo un puñado de tierra chilena de mi jardín. Un mes más tarde mi marido y mis hijos se reunieron conmigo en Caracas. Supongo que sufro el mal de muchos chilenos que se fueron en esa época: me siento culpable de haber abandonado mi país. Me he preguntado mil veces qué habría sucedido si me hubiera quedado, como tantos que dieron la batalla contra la dictadura desde dentro, hasta que pudieron vencerla en 1989. Nadie puede responder esa pregunta, pero de una cosa estoy segura: no sería escritora sin haber pasado por la experiencia del exilio.

A partir del instante en que crucé la cordillera de los Andes, una mañana lluviosa de invierno, comencé el proceso inconsciente de inventar un país. He vuelto a volar sobre la cordillera muchas veces y siempre me emociono, porque el recuerdo de aquella mañana me asalta intacto al ver desde arriba el espectáculo soberbio de las montañas. La infinita soledad de esas cumbres blancas, de esos abismos vertiginosos, de ese cielo azul profundo, simboliza mi despedida de Chile. Nunca imaginé que estaría ausente por tanto tiempo. Como todos los chilenos —menos los militares— estaba convencida de que, dada nuestra tradición, pronto los soldados regresarían a sus barracas, habría otra elec-

ción y tendríamos un gobierno democrático, como siempre habíamos tenido. Sin embargo, algo debo haber intuido sobre el futuro, porque pasé mi primera noche en Caracas llorando sin consuelo en una cama prestada. En el fondo presentía que algo había
terminado para siempre y que mi vida cambiaba violentamente
de rumbo. La nostalgia se apoderó de mí desde esa primera noche y no me soltó por muchos años, hasta que cayó la dictadura
y volví a pisar mi país. Entretanto vivía mirando hacia el sur,
pendiente de las noticias, esperando el instante de volver mientras seleccionaba los recuerdos, cambiaba algunos hechos, exageraba o ignoraba otros, afinaba las emociones y así construía
poco a poco ese país imaginario donde he plantado mis raíces.

> *Hay exilios que muerden y otros*
> *son como el fuego que consume.*
> *Hay dolores de patria muerta*
> *que van subiendo desde abajo,*
> *desde los pies y las raíces*
> *y de pronto el hombre se ahoga,*
> *ya no conoce las espigas,*
> *ya se terminó la guitarra,*
> *ya no hay aire para esa boca,*
> *ya no puede vivir sin tierra*
> *y entonces se cae de bruces,*
> *no en la tierra, sino en la muerte.*

PABLO NERUDA, «Exilios»,
de *Cantos ceremoniales*

Entre los cambios notables producidos por el sistema económico y los valores que implantó la dictadura, se puso de moda la ostentación: si usted no es rico, debe endeudarse para parecerlo, aunque ande con agujeros en los calcetines. El consumismo es la ideología de hoy en Chile, como en la mayor parte del mundo. La política económica, los negociados y la corrupción, que alcanzó niveles nunca antes vistos en el país, crearon una nueva casta de millonarios. Una de las cosas positivas que ocurrieron es que se trizó la muralla que separaba a las clases sociales; los rancios apellidos dejaron de ser el único pasaporte para ser aceptado en sociedad. Los que se consideraban aristócratas fueron barridos del mapa por jóvenes empresarios y tecnócratas en sus motos cromadas y sus Mercedes Benz y por algunos militares, que se enriquecieron en puestos clave del Gobierno, la industria y la banca. Por primera vez se veían hombres de uniforme en todas partes: ministerios, universidades, empresas, salones, clubes, etc.

La pregunta de rigor es por qué al menos un tercio de la población apoyó a la dictadura, a pesar de que para la mayoría la vida no fue fácil e incluso los adherentes al gobierno militar vivían temerosos. La represión fue general, aunque sin duda sufrieron mucho más los izquierdistas y los pobres. Todos se sentían vigilados, nadie podía decir que estaba completamente a salvo de la garra del Estado. Es cierto que la información estaba censurada y había una maquinaria de propaganda destinada a lavar los cerebros; cierto es también que a la oposición le costó muchos años y sangre organizarse; pero eso no explica la popularidad del dictador. El porcentaje de la población que lo aplaudía no lo hizo sólo por miedo; a los chilenos les gusta el autoritarismo. Creyeron que los militares iban a «limpiar» el país. «Se terminó la delincuencia, no hay muros pintarrajeados con graffiti, todo está limpio y gracias al toque de queda los maridos llegan temprano a la casa», me dijo una amiga. Para ella eso compensaba la pérdida de los derechos ciudadanos, porque esa pérdida no la tocaba directamente; tenía la suerte de que ninguno de sus hijos había sido despedido del trabajo sin indemnización o arrestado. Comprendo que la derecha, que históricamente no se ha caracterizado por la defensa de la democracia y que durante esos años se enriqueció como nunca antes, apoyara a la dictadura, pero ¿y los demás? Para esta pregunta no he encontrado respuesta satisfactoria, sólo conjeturas.

Pinochet representó al padre intransigente, capaz de imponer disciplina. Los tres años de la Unidad Popular fueron de experimentación, cambio y desorden; el país estaba cansado. La represión puso fin a la politiquería, y el neoliberalismo obligó a los chilenos a trabajar con la boca cerrada y ser productivos, para que las empresas pudieran competir favorablemente en los mercados internacionales. Se privatizó casi todo, incluso la salud, la educación y la seguridad social. La necesidad de sobrevivir impulsó la iniciativa privada. Hoy Chile no sólo exporta más salmones que Alaska, también ancas de rana, plumas de ganso y ajos ahumados, entre centenares de otros rubros no tradicionales. La prensa de Estados Unidos celebraba el triunfo del sistema económico y atribuía a Pinochet el mérito de haber convertido a ese pobre país en la estrella de Latinoamérica; pero los índices no mostraban la distribución de la riqueza; nada se sabía de la pobreza y la inseguridad en que vivían varios millones de personas. No se mencionaban las ollas comunes en las poblaciones, que alimentaban miles de familias —llegaron a existir más de quinientas sólo en Santiago— ni el hecho de que la caridad privada y de las iglesias intentaba reemplazar la labor social que corresponde al Estado. No existía ningún foro abierto para discutir las acciones del Gobierno o de los empresarios; así se entregaron impunemente a compañías privadas los servicios públicos y a empresas extranjeras los recursos naturales, como los bosques y los mares, que han sido explotados con muy poca conciencia ecológica. Se creó una sociedad inclemente en la cual la ganancia es sagrada; si usted es pobre, es culpa suya y si se queja, seguro es comunista. La libertad consiste en que hay muchas marcas para escoger lo que se puede comprar a crédito.

Las cifras de crecimiento económico, que aplaudía el *Wall Street Journal*, no significaban desarrollo, ya que el diez por ciento de la población poseía la mitad de la riqueza y había cien personas que ganaban más de lo que el Estado gastaba en todos sus servicios sociales. Según el Banco Mundial, Chile es uno de los países con peor distribución del ingreso, lado a lado con Kenia y Zimbabue. El gerente de una corporación chilena gana lo mismo o más que su equivalente en Estados Unidos, mientras que un obrero chileno gana aproximadamente quince veces menos que uno norteamericano. Aún hoy, al cabo de más de una década de democracia, la desigualdad económica es pavorosa, porque el modelo económico no ha cambiado. Los tres presidentes que han sucedido a Pinochet han estado atados de manos, porque la derecha controla la economía, el Congreso y la prensa. Sin embargo, Chile se ha propuesto convertirse en un país desarrollado en el plazo de una década, lo cual es muy posible, siempre que se redistribuya la riqueza en forma más equilibrada.

¿Quién era realmente Pinochet, ese soldado que tanto marcó a Chile con su revolución capitalista y dos décadas de represión? (Conjugo los verbos en pasado a pesar de que aún está vivo, porque permanece recluido y el país procura olvidar su existencia. Pertenece al pasado, aunque su sombra siga penando.) ¿Por qué se le temía tanto? ¿Por qué se le admiraba? No lo conocí personalmente y no viví en Chile durante la mayor parte de su gobierno, de modo que sólo puedo opinar por sus actos y lo que otros han escrito sobre él. Supongo que para entenderlo conviene leer novelas como *La fiesta del chivo* de Mario Vargas Llosa o *El otoño del patriarca* de Gabriel García Márquez, porque tenía mucho en común con la figura típica del caudillo latinoamericano, tan bien descrita por esos autores. Era un hombre rudo, frío, resbaloso y autoritario, sin escrúpulos ni sentido de la lealtad, salvo al Ejército como institución, pero no a sus compañeros de armas, a quienes hizo asesinar según su conveniencia, como el general Carlos Prats y otros. Se creía escogido por Dios y la historia para salvar a la patria. Le gustaban las condecoraciones y la parafernalia militar; era un egomaníaco, incluso creó una fundación con su nombre destinada a promover y preservar su imagen. Era astuto y desconfiado, tenía modales campechanos y podía ser simpático. Admirado por unos, odiado por otros, temido por todos, fue posiblemente el personaje de nuestra historia que más poder ha tenido en sus manos y por más largo tiempo.

CHILE EN EL CORAZÓN

En Chile se evita hablar del pasado. Las generaciones más jóvenes creen que el mundo comenzó con ellos; lo sucedido antes no interesa. Entre los demás me parece que hay una especie de vergüenza colectiva por lo ocurrido durante la dictadura, como debe haberse sentido Alemania después de Hitler. Tanto jóvenes como viejos procuran evitar el conflicto. Nadie desea embalarse en discusiones que separen aún más a la gente. Por otra parte, la mayoría está demasiado ocupada tratando de terminar el mes con un sueldo que no alcanza y cumpliendo calladamente para que no lo despidan del trabajo, como para preocuparse por la política. Se supone que indagar mucho sobre el pasado puede «desestabilizar» la democracia y provocar a los militares, temor infundado, porque la democracia se ha fortalecido en los últimos años —desde 1989— y los militares han perdido prestigio. Además ya no están los tiempos para golpes militares. A pesar de sus múltiples problemas —pobreza, desigualdad, crimen, drogas, guerrilla— América Latina ha optado por la democracia y por su parte Estados Unidos empieza a darse cuenta de que su política de apoyar tiranías no resuelve ningún problema, sólo crea otros.

El golpe militar no surgió de la nada; las fuerzas que apoyaron a la dictadura estaban allí, pero no las habíamos percibido. Algunos defectos de los chilenos que antes estaban bajo la superficie emergieron en gloria y majestad durante ese período. No es posible que de la noche a la mañana se organizara la represión en tan vasta escala sin que la tendencia totalitaria existiera en un sector de la sociedad; por lo visto no éramos tan democráticos como creíamos. Por su parte el gobierno de Salvador Allende no era inocente como me gusta imaginarlo; hubo ineptitud, corrupción, soberbia. En la vida real héroes y villanos suelen confundirse, pero puedo asegurar que en los gobiernos democráticos, incluyendo el de la Unidad Popular, no hubo jamás la crueldad que la nación ha sufrido cada vez que intervienen los militares.

Como millares de otras familias chilenas, Miguel y yo nos fuimos con nuestros dos hijos, porque no queríamos seguir viviendo en una dictadura. Era el año 1975. El país que escogimos para emigrar fue Venezuela, porque era una de las últimas democracias que quedaban en América Latina, sacudida por golpes militares, y uno de los pocos países donde podíamos conseguir visas y trabajo. Dice Neruda:

> *¿Cómo puedo vivir tan lejos*
> *de lo que amé, de lo que amo?*
> *¿De las estaciones envueltas*
> *por vapor y humo frío?*

(Curiosamente, lo que más eché de menos en aquellos años de autoexilio fueron las estaciones de mi patria. En el verde eterno del trópico fui profundamente extranjera.)

En la década de los setenta Venezuela vivía el apogeo de la riqueza del petróleo: el oro negro brotaba de su suelo como un río inextinguible. Todo parecía fácil, con un mínimo de trabajo y conexiones adecuadas la gente vivía mejor que en cualquier otro lugar; corría el dinero a raudales y se gastaba sin pudor en una parranda sin fin: era el pueblo que consumía más champaña en el mundo. Para nosotros, que habíamos pasado por la crisis económica del gobierno de la Unidad Popular, en que el papel higiénico era un lujo, y que llegábamos escapando de una tremenda represión, Venezuela nos paralizó de asombro. No podíamos asimilar el ocio, el despilfarro y la libertad de ese país. Los chilenos, tan serios, sobrios, prudentes y amantes de los reglamentos y de la legalidad, no entendíamos la alegría desbocada ni la indisciplina. Acostumbrados a los eufemismos, nos sentíamos ofendidos por la franqueza. Éramos varios miles y muy pronto se sumaron aquellos que escapaban de la «guerra sucia» en Argentina y Uruguay. Algunos llegaban con huellas recientes de cautiverio, todos con aire de derrotados.

Miguel encontró trabajo en una provincia del interior del país y yo me quedé en Caracas con los dos niños, quienes me suplicaban a diario que volviéramos a Chile, donde habían dejado a sus abuelos, amigos, escuela; en fin, todo lo conocido. La separación con mi marido fue fatal, creo que marcó el comienzo de nuestro fin como pareja. No fuimos una excepción, porque la mayoría de los matrimonios que se fueron de Chile terminaron separándose. Lejos de su tierra y de la familia, la pareja se encuentra frente a frente, desnuda y vulnerable, sin la presión familiar, las muletas sociales y las rutinas que la sostienen en su medio. Las circunstancias no ayudan: fatiga, temor, inseguridad, pobreza, confusión; si además están separados geográficamente, como nos sucedió a nosotros, el pronóstico es pésimo. A menos que tengan suerte y la relación sea muy fuerte, el amor muere.

No pude emplearme como periodista. Lo que había hecho antes en Chile servía de poco, en parte porque los exiliados solían inflar sus credenciales y al final nadie les creía mucho; había falsos doctores que apenas habían terminado la secundaria y también doctores verdaderos que terminaban manejando un taxi. Yo no conocía un alma y allí, como en el resto de América Latina, nada se obtiene sin conexiones. Debí ganarme la vida con trabajos insignificantes, ninguno de los cuales vale la pena mencionar. No entendía el temperamento de los venezolanos, confundía su profundo sentido igualitario con malos modales, su generosidad con pedantería, su emotividad con inmadurez. Venía de un país donde la violencia se había institucionalizado, sin embargo me chocaba la rapidez con que los venezolanos perdían el control y se iban a las manos. (Una vez en el cine, una señora sacó una pistola de la cartera porque me senté accidentalmente en el puesto que ella había reservado.) No conocía las costumbres; ignoraba, por ejemplo, que rara vez dicen que no, porque lo consideran rudo, prefieren decir «vuelva mañana». Salía a buscar trabajo, me entrevistaban con gran amabilidad, me ofrecían café, y me despedían con un firme apretón de manos y un «vuelva mañana». Regresaba al otro día y se repetía lo mismo hasta que por fin me daba por vencida. Sentía que mi vida era un fracaso; tenía treinta y cinco años y creía que no me quedaba nada por delante, fuera de envejecer y morir de aburrimiento. Ahora, al recordar aquella época, comprendo que existían muchas oportunidades, pero no las vi; fui incapaz de bailar al ritmo de los demás, andaba ofuscada y temerosa. En vez de hacer un esfuerzo por conocer y aprender a querer la tierra que generosamente me había acogido, estaba obsesionada con el regreso a Chile. Al comparar aquella experiencia de exilio con mi actual condición de inmigrante, veo cuán diferente es el estado de ánimo. En el primer caso uno sale a la fuerza, ya sea escapando o expulsado, y se siente como una víctima a quien le han robado media vida; en el segundo caso uno sale a la aventura, por decisión propia, sintiéndose dueño de su destino. El exiliado mira hacia el pasado, lamiéndose las heridas; el inmigrante mira hacia el futuro, dispuesto a aprovechar las oportunidades a su alcance.

Los chilenos en Caracas nos juntábamos para oír discos de Violeta Parra y Víctor Jara, intercambiar afiches de Allende y Che Guevara y repetir mil veces los mismos rumores sobre la patria lejana. En cada reunión comíamos empanadas; les tomé repugnancia y hasta hoy no he podido volver a probarlas. Cada día llegaban nuevos compatriotas contando historias terribles y asegurando que la dictadura estaba a punto de caer, pero pasaban los meses y, lejos de caer, parecía cada vez más fuerte, a pesar de las protestas internas y del inmenso movimiento internacional de solidaridad. Ya nadie confundía a Chile con la China, nadie preguntaba por qué no usábamos sombreros con piñas; la figura de Salvador Allende y los acontecimientos políticos colocaron al país en el mapa. Circulaba una fotografía, que se hizo famosa, de la junta militar con Pinochet al centro, de brazos cruzados, lentes oscuros y mandíbula protuberante de bulldog, un verdadero cliché de tirano de Latinoamérica. La estricta censura de prensa impidió a la mayoría de los chilenos dentro del país darse cuenta de que ese movimiento de solidaridad existía. Yo había pasado año y medio bajo esa censura y no sabía que afuera el nombre de Allende se había convertido en un símbolo, por eso al salir de Chile me sorprendió el respeto reverencial que mi apellido provocaba. Por desgracia esa consideración no me sirvió para conseguir trabajo, que tanto necesitaba.

Desde Caracas le escribía a mi abuelo, de quien no tuve el valor de despedirme, porque no hubiera podido explicarle mis razones para escapar, sin admitir que había desobedecido sus instrucciones de no meterme en problemas. En mis cartas le pintaba un cuadro dorado de nuestras vidas, pero no se requería mucha agudeza para percibir la angustia entre líneas y mi abuelo debió haber adivinado mi verdadera situación. Pronto esa correspondencia se convirtió en pura nostalgia, en un ejercicio paciente de recordar el pasado y la tierra que había dejado. Volví a leer a Neruda y lo citaba en las cartas a mi abuelo, a veces él me contestaba con versos de otros poetas, más antiguos.

No vale la pena hablar en detalle de esos años, de las cosas buenas que sucedieron y de las malas, como amores frustrados, esfuerzos y dolores, porque los he contado antes. Baste decir que se acentuó el sentimiento de soledad y de ser siempre forastera que había tenido desde la infancia. Estaba desconectada de la realidad, sumida en un mundo imaginario, mientras a mi lado crecían mis hijos y se desmoronaba mi matrimonio. Trataba de escribir, pero lo único que lograba era dar vueltas y vueltas a las mismas ideas. Por las noches, después que la familia se retiraba a descansar, me encerraba en la cocina, donde pasaba horas azotando las teclas de la Underwood, llenando páginas y páginas con las mismas frases, que luego hacía mil pedazos, como Jack Nicholson en aquella espeluznante película, *El resplandor*, que dejó a medio mundo con pesadillas durante meses. Nada quedó de esos esfuerzos, puro papel picado. Y así pasaron siete años.

El 8 de enero de 1981 comencé otra carta para mi abuelo, quien para entonces tenía casi cien años y estaba moribundo. Desde la primera frase supe que no era una carta como las otras y que tal vez nunca caería en manos del destinatario. Escribí para desahogar mi angustia, porque ese anciano, depositario de mis más antiguos recuerdos, estaba listo para irse de este mundo. Sin él, que era mi ancla en el territorio de la infancia, el exilio parecía definitivo. Naturalmente escribí sobre Chile y la familia lejana. Tenía material de sobra con los centenares de anécdotas que por años había escuchado de su boca: los protomachos fundadores de nuestra estirpe; mi abuela, que desplazaba el azucarero con pura energía espiritual; la tía Rosa, muerta a fines del siglo XIX, cuyo fantasma aparecía para tocar el piano por las noches; el tío que pretendió cruzar la cordillera en un globo dirigible, y tantos otros personajes que no debían perderse en el olvido. Cuando les contaba esos cuentos a mis hijos, me miraban con expresión de lástima y volteaban los ojos hacia el techo. Después de haber llorado tanto por regresar, Paula y Nicolás se habían finalmente aclimatado en Venezuela y no querían oír hablar de Chile y menos de sus estrafalarios parientes. Tampoco participaban de las nostálgicas conversaciones de exiliados, de los fallidos intentos de hacer platos chilenos con ingredientes caribeños, ni de las patéticas celebraciones de nuestras fiestas patrias improvisadas en Venezuela. A mis hijos les daba vergüenza su condición de extranjeros.

Pronto perdí el rumbo de aquella extraña carta, pero seguí adelante sin pausa durante un año, al cabo del cual mi abuelo había muerto y yo tenía sobre la mesa de la cocina mi primera novela, *La casa de los espíritus*. Si me hubieran pedido entonces que la definiera, habría dicho que era un intento de recobrar mi país perdido, de reunir a los dispersos, de resucitar a los muertos y de preservar los recuerdos, que comenzaban a esfumarse en el torbellino del exilio. No era poco lo que pretendía… Ahora doy una explicación más simple: me moría de ganas de contar la historia.

Tengo una imagen romántica de un Chile congelado al comienzo de la década de los setenta. Por años creí que cuando volviera la democracia, todo sería como antes, pero incluso esa imagen congelada era ilusoria. Tal vez el lugar que añoro nunca existió. Cuando voy de visita debo confrontar el Chile real con la imagen sentimental que he llevado conmigo por veinticinco años. Como he vivido afuera por tan largo tiempo, tiendo a exagerar las virtudes y a olvidar los rasgos desagradables del carácter nacional. Olvido el clasismo y la hipocresía de la clase alta; olvido cuán conservadora y machista es la mayor parte de la sociedad; olvido la apabullante autoridad de la Iglesia católica. Me espantan el rencor y la violencia alimentados por la desigualdad; pero también me conmueven las cosas buenas, que a pesar de todo no han desaparecido, como esa familiaridad inmediata con que nos relacionamos, la forma cariñosa de saludarnos con besos, el humor torcido que siempre me hace reír, la amistad, la esperanza, la sencillez, la solidaridad en la desgracia, la simpatía, el valor indomable de las madres, la paciencia de los pobres. He armado la idea de mi país como un rompecabezas, seleccionando aquellas piezas que se ajustan a mi diseño e ignorando las demás. Mi Chile es poético y pobretón, por eso descarto las evidencias de esa sociedad moderna y materialista, donde el valor de las personas se mide por la riqueza bien o mal adquirida, e insisto en ver por todos lados signos de mi país de antes. También he creado una versión de mí misma sin nacionalidad o, mejor dicho, con múltiples nacionalidades. No pertenezco en un territorio, sino en varios, o tal vez sólo en el ámbito de la ficción que escribo. No pretendo saber cuánto de mi memoria son hechos verdaderos y cuánto he inventado, porque la tarea de trazar la línea entre ambos me sobrepasa. Mi nieta Andrea escribió una composición para la escuela en la cual dijo: «Me gustaba la imaginación de mi abuela». Le pregunté a qué se refería y replicó sin vacilar: «Tú te acuerdas de cosas que nunca sucedieron». ¿No hacemos todos lo mismo? Dicen que el proceso cerebral de imaginar y el de recordar se parecen tanto, que son casi inseparables. ¿Quién puede definir la realidad? ¿No es todo subjetivo? Si usted y yo presenciamos el mismo acontecimiento, lo recordaremos y lo contaremos en forma diferente. La versión de nuestra infancia que cuentan mis hermanos es como si cada uno hubiera estado en planetas distintos. La memoria está condicionada por la emoción; recordamos más y mejor los eventos que nos conmueven, como la alegría de un nacimiento, el placer de una noche de amor, el dolor de una muerte cercana, el trauma de una herida. Al contar el pasado nos referimos a los momentos álgidos —buenos o malos— y omitimos la inmensa zona gris de cada día.

Si yo nunca hubiera viajado, si me hubiera quedado anclada y segura en mi familia, si hubiera aceptado la visión de mi abuelo y sus reglas, habría sido imposible recrear o embellecer mi propia existencia, porque ésta habría sido definida por otros y yo sería sólo un eslabón más de una larga cadena familiar. Cambiarme de lugar me ha obligado a reajustar varias veces mi historia y lo he hecho atolondrada, casi sin darme cuenta, porque estaba demasiado ocupada en la tarea de sobrevivir. Casi todas las vidas se parecen y pueden contarse en el tono con que se lee la guía de teléfonos, a menos que uno decida ponerle énfasis y color. En mi caso he procurado pulir los detalles para ir creando mi leyenda privada, de manera que, cuando esté en una residencia geriátrica esperando la muerte, tendré material para entretener a otros viejitos seniles.

Escribí mi primer libro al correr de los dedos sobre las teclas, tal como escribo éste, sin un plan. Necesité un mínimo de investigación, porque lo tenía completo dentro, no en la cabeza, sino en un lugar del pecho, donde me oprimía como un perpetuo sofoco. Conté de Santiago en tiempos de la juventud de mi abuelo, igual que si hubiera nacido entonces; sabía exactamente cómo se encendía un farol a gas antes que instalaran electricidad en la ciudad, tanto como conocía la suerte de centenares de prisioneros en Chile en esos mismos momentos. Escribí en trance, como si alguien me dictara, y siempre he atribuido ese favor al fantasma de mi abuela, que me soplaba en la oreja. Una sola vez se me ha repetido el regalo de un libro dictado desde otra dimensión, cuando en 1993 escribí *Paula*. En esa ocasión sin duda recibí ayuda del espíritu benigno de mi hija. ¿Quiénes son en realidad estos y otros espíritus que viven conmigo? No los he visto flotando envueltos en una sábana por los pasillos de mi casa, nada tan interesante como eso. Son sólo recuerdos que me asaltan y que, de tanto acariciarlos, van tomando consistencia material. Me sucede con la gente y también con Chile, ese país mítico que de tanto añorar ha reemplazado al país real. Ese pueblo dentro de mi cabeza, como lo describen mis nietos, es un escenario donde pongo y quito a mi antojo objetos, personajes y situaciones. Sólo el paisaje permanece verdadero e inmutable; en ese majestuoso paisaje chileno no soy forastera. Me inquieta esta tendencia a transformar la realidad, a inventar la memoria, porque no sé cuán lejos me puede conducir. ¿Me ocurre lo mismo con las personas? Si volviera a ver por un instante a mis abuelos o a mi hija, ¿los reconocería? Es probable que no, porque de tanto buscar el modo de mantenerlos vivos, recordándolos hasta en sus más mínimos detalles, los he ido cambiando y adornando con virtudes que tal vez no tuvieron; les he atribuido un destino mucho más complejo del que vivieron. En todo caso, tuve mucha suerte, porque esa carta a mi abuelo moribundo me salvó de la desesperación. Gracias a ella encontré una voz y una forma de vencer el olvido, que es la maldición de los vagabundos como yo. Ante mí se abrió el camino sin retorno de la literatura, por donde he andado a trastabillones los últimos veinte años y pienso seguir haciéndolo mientras mis pacientes lectores lo aguanten.

Aunque esa primera novela me dio una patria ficticia, seguía añorando la otra, la que había dejado atrás. El gobierno militar se había afirmado como una roca en Chile y Pinochet reinaba con poder absoluto. La política económica de los *Chicago boys*, como llamaban a los economistas discípulos de Milton Freedman, había sido impuesta por la fuerza, porque de otro modo habría sido imposible hacerlo. Los empresarios gozaban de enormes privilegios, mientras los trabajadores habían perdido la mayoría de sus derechos. Afuera pensábamos que la dictadura era inamovible, pero en realidad dentro del país crecía una valiente oposición, que finalmente habría de recuperar la perdida democracia. Para lograrlo fue necesario deponer las innumerables rencillas partidistas y unirse en la llamada «Concertación», pero eso sucedió siete años más tarde. En 1981 pocos imaginaban esa posibilidad.

Hasta entonces mi vida en Caracas, donde habíamos estado diez años, había transcurrido en completo anonimato, pero los libros atrajeron un poco de atención. Por fin renuncié al colegio donde trabajaba y me zambullí en la incertidumbre de la literatura. Tenía en mente otra novela, esta vez situada en un lugar del Caribe; pensé que había terminado con Chile y ya era hora de situarme en la tierra que poco a poco iba convirtiéndose en mi patria de adopción. Antes de comenzar *Eva Luna* debí investigar a conciencia. Para describir el olor de un mango o la forma de una palmera, debía ir al mercado a oler la fruta y a la plaza a ver los árboles, lo cual no era necesario en el caso de un durazno o un sauce chilenos. Llevo a Chile tan adentro, que me parece conocerlo al revés y al derecho, pero si escribo sobre cualquier otro lugar, debo estudiarlo.

En Venezuela, tierra espléndida de hombres asertivos y mujeres hermosas, me libré por fin de la disciplina de los colegios ingleses, el rigor de mi abuelo, la modestia chilena y los últimos vestigios de esa formalidad en que, como buena hija de diplomáticos, me había criado. Por primera vez me sentí a gusto en mi cuerpo y dejó de preocuparme la opinión ajena. Entretanto mi matrimonio se había deteriorado sin remedio y una vez que los hijos volaron del nido para ir a la universidad se terminaron las razones para permanecer juntos. Miguel y yo nos divorciamos amigablemente. Tan aliviados nos sentimos con esta decisión, que al despedirnos nos hicimos reverencias japonesas por varios minutos. Yo tenía cuarenta y cinco años, pero no me veía mal para mi edad, al menos así pensaba, hasta que mi madre, siempre optimista, me advirtió que iba a pasar el resto de mi vida sola. Sin embargo, tres meses más tarde, durante una larga gira de promoción en Estados Unidos, conocí a William Gordon, el hombre que estaba escrito en mi destino, como diría mi abuela clarividente.

ESE PUEBLO DENTRO DE MI CABEZA

Antes de que me pregunte cómo es que una izquierdista con mi apellido escogió vivir en el imperio yanqui, le diré que no fue el resultado de un plan, ni mucho menos. Como casi todas las cosas fundamentales de mi existencia, ocurrió por casualidad. Si Willie hubiera estado en Nueva Guinea, seguramente allí estaría yo ahora, vestida de plumas. Supongo que hay gente que planifica su vida, pero en mi caso he dejado de hacerlo hace mucho tiempo, porque mis propósitos jamás resultan. Más o menos cada diez años echo una mirada hacia el pasado y puedo ver el mapa de mi viaje, si es que eso puede llamarse un mapa; parece más bien un plato de tallarines. Si uno vive lo suficiente y mira para atrás, es obvio que no hacemos más que andar en círculos. La idea de instalarme en Estados Unidos nunca se me cruzó por la mente, pensaba que la CIA había provocado el golpe militar en Chile con el solo propósito de arruinarme la vida. Con la edad me he vuelto más modesta. La única razón para convertirme en una más de los millones de inmigrantes que persiguen el *American dream* fue lujuria a primera vista.

Willie tenía dos divorcios a la espalda y un rosario de amoríos que apenas podía recordar, llevaba ocho años solo, su vida era un desastre y andaba todavía esperando a la rubia alta de sus sueños, cuando aparecí yo. Apenas miró hacia abajo y me distinguió sobre el dibujo de la alfombra, le informé que en mi juventud yo había sido una rubia alta, con lo cual logré captar su atención. ¿Qué me atrajo en él? Adiviné que era una persona fuerte, de esas que caen de rodillas, pero vuelven a ponerse de pie. Era distinto al chileno medio: no se quejaba, no echaba la culpa a otros de sus problemas, asumía su karma, no andaba buscando una mamá y era evidente que no necesitaba una geisha que le llevara el desayuno a la cama y por la noche colocara sobre una silla su ropa para el día siguiente. No pertenecía a la escuela de los espartanos, como mi abuelo, porque era obvio que gozaba su vida, pero tenía su misma solidez estoica. Además había viajado mucho, lo cual siempre es atrayente para nosotros los chilenos, gente insular. A los veinte años dio la vuelta al mundo haciendo autostop y durmiendo en cementerios, porque, según me explicó, son muy seguros: nadie entra en ellos de noche. Había estado expuesto a diferentes culturas, era de mente amplia, tolerante, curioso. Además hablaba español con acento de bandido mexicano y tenía tatuajes. En Chile sólo los delincuentes se tatúan, de modo que me pareció muy sexy. Podía pedir comida en francés, italiano y portugués, sabía mascullar unas palabras en ruso, tagalo, japonés y mandarín. Años después descubrí que las inventaba, pero ya era tarde. Incluso podía hablar inglés en la medida en que un norteamericano logra dominar la lengua de Shakespeare.

Alcanzamos a estar juntos dos días y luego debí continuar mi gira, pero al término de la misma decidí volver a San Francisco por una semana, a ver si me lo sacaba de la cabeza. Ésta es una actitud muy chilena, cualquier compatriota mía hubiera hecho lo mismo. En dos aspectos las chilenas somos ferozmente decididas: para defender a nuestras crías y cuando se trata de atrapar a un hombre. Tenemos el instinto del nido muy desarrollado, no nos basta una aventura amorosa, queremos formar un hogar y en lo posible tener hijos, ¡qué horror! Al verme llegar a su casa sin invitación, Willie, presa del pánico, trató de escapar, pero no es un contrincante serio para mí. Le hice una zancadilla y le caí encima como un pugilista. Finalmente aceptó a regañadientes que yo era lo más cercano a una rubia alta que podría conseguir y nos casamos. Era el año 1987.

Para quedarme junto a Willie estaba dispuesta a renunciar a mucho, pero no a mis hijos ni a la escritura, así es que apenas conseguí mis papeles de residencia empecé el proceso de trasladar a Paula y a Nicolás a California. Entretanto me había enamorado de San Francisco, una ciudad alegre, tolerante, abierta, cosmopolita y ¡tan distinta a Santiago! San Francisco fue fundado por aventureros, prostitutas, comerciantes y predicadores que llegaron en 1849, atraídos por la fiebre del oro. Quise escribir sobre aquel período estupendo de codicia, violencia, heroísmo y conquista, perfecto para una novela. A mediados del siglo XIX el camino más seguro para ir a California desde la costa este de Estados Unidos o desde Europa pasaba por Chile. Los barcos debían atravesar el estrecho de Magallanes o dar la vuelta al cabo de Hornos. Eran odiseas peligrosas, pero peor era cruzar el continente norteamericano en carreta o las selvas infectadas de malaria del istmo de Panamá. Los chilenos se enteraron del descubrimiento del oro antes de que la noticia se regara en Estados Unidos, y acudieron en masa, porque tienen una larga tradición de mineros y les gusta partir de aventuras. Tenemos un nombre para nuestra compulsión de salir a recorrer caminos, decimos que somos «patiperros», porque vagamos como quiltros olfateando la huella, sin rumbo fijo. Necesitamos escapar, pero apenas cruzamos la cordillera empezamos a echar de menos y al final siempre volvemos. Somos buenos viajeros y pésimos emigrantes: la nostalgia nos pisa los talones.

La familia y la vida de Willie eran caóticas, pero en vez de salir huyendo, como haría una persona razonable, yo arremetí «de frente y a la chilena», como el grito de guerra de aquellos soldados que se tomaron el morro de Arica en el siglo XIX. Estaba decidida a conquistar mi lugar en California y en el corazón de ese hombre, costara lo que costara. En Estados Unidos todos, menos los indios, descienden de otros que llegaron de afuera; mi caso nada tiene de especial. El siglo XX fue el siglo de los inmigrantes y refugiados, nunca antes el mundo vio tales masas humanas abandonar su lugar de origen para desplazarse a otros sitios, huyendo de la violencia o la pobreza. Mi familia y yo somos parte de esa diáspora; no es tan malo como suena. Sabía que no me asimilaría por completo, estaba muy vieja para fundirme en el famoso crisol yanqui: tengo aspecto de chilena; sueño, cocino, hago el amor y escribo en castellano; la mayoría de mis libros tiene un definitivo sabor latinoamericano. Estaba convencida de que nunca me sentiría californiana, pero tampoco lo pretendía, a lo más aspiraba a tener una licencia para conducir y aprender suficiente inglés para pedir comida en un restaurante. No sospechaba que obtendría mucho más.

Me ha costado varios años adaptarme en California, pero el proceso ha sido divertido. Me ayudó mucho escribir un libro sobre la vida de Willie, *El plan infinito*, porque me obligó a recorrerla y estudiar su historia. Recuerdo cuánto me ofendía al comienzo la manera directa de hablar de los gringos, hasta que me di cuenta de que en realidad la mayoría son considerados y corteses. No podía creer lo hedonistas que eran, hasta que el ambiente me contagió y acabé remojándome en un jacuzzi rodeada de velas aromáticas, mientras mi abuelo se revolcaba en la tumba ante estos desenfrenos. Tanto me he incorporado a la cultura californiana, que practico meditación y voy a terapia, aunque siempre hago trampa: durante la meditación invento cuentos para no aburrirme y en terapia invento otros para no aburrir al psicólogo. Me he acomodado al ritmo de este extraordinario lugar, tengo sitios favoritos donde pierdo el tiempo hojeando libros, paseando y hablando con amigos; me gustan mis rutinas, las estaciones del año, los grandes robles en torno a mi casa, el aroma de mi taza de té, el largo lamento nocturno de la sirena que anuncia neblina a los buques de la bahía. Espero con ansias el pavo del día de Acción de Gracias y el esplendor *kitsch* de las Navidades. Incluso participo del obligado picnic del 4 de Julio. A propósito, ese picnic es muy eficiente, como todo lo demás por estos lados: conducir de prisa, instalarse en el lugar previamente reservado, colocar las cestas, tragarse la comida, patear la pelota y correr de vuelta para evitar el tráfico. En Chile echaríamos tres días en semejante proyecto.

El sentido del tiempo de los norteamericanos es muy especial: carecen de paciencia; todo debe ser rápido, incluso la comida y el sexo, que el resto del mundo trata ceremoniosamente. Los gringos inventaron dos términos que no tienen traducción: *snack* y *quickie*, para designar comida de pie y amor a la carrera... y a menudo también de pie. Los libros más populares son los manuales: cómo convertirse en millonario en diez lecciones fáciles, cómo perder quince libras en una semana, cómo sobreponerse al divorcio, etc. La gente siempre anda buscando atajos y escapando de lo que considera desagradable: fealdad, vejez, gordura, enfermedad, pobreza y fracaso en cualquier aspecto.

La fascinación de este pueblo con la violencia nunca ha dejado de chocarme. Se podría decir que he vivido en circunstancias interesantes, he visto revoluciones, guerra y crimen urbano, sin mencionar las brutalidades del golpe militar en Chile. A nuestra casa en Caracas entraron ladrones diecisiete veces; nos robaron casi todo, desde un abrelatas hasta tres automóviles, dos que se llevaron de la calle y el tercero después de arrancar de cuajo la puerta del garaje. Menos mal que ninguno de los asaltantes tenía malas intenciones, incluso una vez nos dejaron una nota de agradecimiento pegada en la puerta del refrigerador. Comparado con otros lugares de la tierra, donde un niño puede pisar una mina en su camino a la escuela y perder las dos piernas, Estados Unidos es seguro como un convento, pero la cultura es adicta a la violencia. Así lo prueban los deportes, juegos, arte y no hablemos del cine, que es terrorífico. Los norteamericanos no quieren violencia en sus vidas, pero necesitan experimentarla de rebote. Les encanta la guerra, siempre que no sea en su terreno.

El racismo, en cambio, no me chocó, a pesar de que según Willie es el problema más grave del país, porque yo había soportado durante cuarenta y cinco años el sistema de clases en Latinoamérica, donde los pobres y la población mestiza, africana o indígena viven inexorablemente segregados, como la cosa más natural del mundo. Al menos en Estados Unidos existe conciencia del conflicto y la mayor parte de los norteamericanos, la mayor parte del tiempo, lucha contra el racismo.

Cuando Willie visita Chile es objeto de curiosidad para mis amigos y para los niños en la calle, por su innegable pinta de extranjero, que él acentúa con un sombrero australiano y botas de vaquero. Le gusta mi país, dice que es como California hace cuarenta años, pero se siente forastero, tal como yo me siento en Estados Unidos. Entiendo el idioma, pero no tengo las claves. En las ocasiones en que nos juntamos con amigos, puedo participar poco en la conversación, porque no conozco los acontecimientos o la gente de los cuales hablan, no vi las mismas películas en mi juventud, no bailé al son de la guitarra epiléptica de Elvis, no fumé marijuana ni salí a protestar contra la guerra del Vietnam. No sigo los chismes políticos, porque veo poca diferencia entre demócratas y republicanos. Cómo seré de extranjera que ni siquiera participé en la fascinación nacional por el escándalo amoroso del presidente Clinton, porque después de ver los calzones de la señorita Lewinsky catorce veces por televisión perdí interés. Incluso el béisbol es un misterio para mí; no entiendo tanto apasionamiento por un grupo de gordos esperando una pelota que nunca llega. No calzo socialmente: me visto de seda mientras el resto de la población usa zapatillas de gimnasia, y pido bife cuando los demás andan en la onda del tofu y el té verde.

Lo que más aprecio de mi condición de inmigrante es la estupenda sensación de libertad. Vengo de una cultura tradicional, de una sociedad cerrada, donde cada uno de nosotros carga desde su nacimiento con el karma de sus antepasados y donde siempre nos sentimos observados, juzgados, vigilados. El honor manchado no puede lavarse. Un niño que roba lápices de colores en la guardería infantil queda marcado como ratero para el resto de su vida, en cambio en Estados Unidos el pasado no importa, nadie pregunta los apellidos, el hijo de un asesino puede llegar a presidente... siempre que sea blanco. Se pueden cometer errores, porque sobran nuevas oportunidades, basta irse a otro estado y cambiarse el nombre, para comenzar otra vida; los espacios son tan vastos que nunca se terminan los caminos.

Al principio Willie, condenado a vivir conmigo, se sentía tan incómodo con mis ideas y mis costumbres chilenas como yo con las suyas. Había problemas mayores, como que yo tratara de imponer mis anticuadas normas de convivencia a sus hijos y él no tuviera idea de lo que es el romanticismo; y problemas menores, como que yo soy incapaz de usar los aparatos electrodomésticos y él ronca; pero poco a poco los hemos superado. Tal vez de eso se trata el matrimonio y de nada más: ser flexibles. Como inmigrante he tratado de preservar las virtudes chilenas que me gustan y renunciar a los prejuicios que me colocaban en una camisa de fuerza. He aceptado este país. Para amar un lugar hay que participar en la comunidad y devolver algo por lo mucho que se recibe; creo haberlo hecho. Hay muchas cosas que admiro de

Estados Unidos y otras que deseo cambiar, pero ¿no es siempre así? Un país, como un marido, es siempre susceptible de ser mejorado.

Un año después de trasladarme a California, en 1988, cambió la situación en Chile, porque Pinochet perdió el plebiscito y el país se preparó para restaurar la democracia. Entonces regresé. Fui con temor, porque no sabía qué iba a encontrar, y casi no reconocí Santiago ni a la gente en esos años todo había cambiado. La ciudad estaba llena de jardines y edificios modernos, invadida por el tráfico y el comercio, enérgica, acelerada y progresista; pero quedaban resabios feudales, como empleadas con delantales azules paseando ancianos en el barrio alto y mendigos en cada semáforo. Los chilenos actuaban con prudencia, respetaban las jerarquías y se vestían en forma muy conservadora, los hombres de corbata, las mujeres con faldas y en muchas oficinas del gobierno y empresas privadas los empleados usaban uniforme, como auxiliares de vuelo. Me di cuenta que muchos que se quedaron en Chile y lo pasaron mal consideran traidores a quienes nos fuimos y piensan que afuera la vida era más fácil. Por otra parte, no faltan exiliados que acusan a los que permanecieron en el país de colaborar con la dictadura.

El candidato de la Concertación, Patricio Aylwin, había ganado por escaso margen, la presencia de los militares aún era apabullante y la gente andaba asustada. La prensa seguía censurada; los periodistas que me entrevistaron, acostumbrados a la prudencia, me hacían preguntas cautelosas e ingenuas, luego no publicaban las respuestas. La dictadura había hecho lo posible por borrar la historia reciente y el nombre de Salvador Allende. Al volver en el avión y ver la bahía de San Francisco desde el aire di un suspiro de fatiga y dije sin pensar: por fin llego a casa. Era la primera vez desde que salí de Chile en 1975 que me consideraba «en casa».

No sé si mi casa es el lugar donde vivo, o simplemente es Willie. Hemos estado juntos varios años y me parece que él es el único territorio donde pertenezco, donde no soy forastera. Juntos hemos sobrevivido a muchos altibajos, grandes éxitos y grandes pérdidas. El dolor más profundo fue la tragedia de nuestras hijas; en el lapso de un año Jennifer falleció de una sobredosis y Paula de una extraña condición genética, llamada porfiria, que la sumió en un largo coma y finalmente acabó con su vida. Willie y yo somos fuertes y testarudos, nos costó admitir que se nos había roto el corazón. Nos tomó tiempo y terapia poder por fin abrazarnos y llorar juntos. El duelo fue un largo viaje al infierno, del cual salí gracias a él y a la escritura.

En 1994 volví a Chile en busca de inspiración y desde entonces lo he hecho cada año. Encontré a mis compatriotas más relajados y la democracia más firme, pero condicionada por la presencia de los militares, aún poderosos, y de los senadores vitalicios designados por Pinochet para controlar el Congreso. El gobierno mantenía un difícil equilibrio entre las fuerzas políticas y sociales. Fui a las poblaciones, donde antes la gente era luchadora y organizada. Los curas y monjas progresistas, que habían vivido entre los pobres durante esos años, me contaron que la miseria era la misma, pero la solidaridad había desaparecido y ahora al alcoholismo, la violencia doméstica y el desempleo se sumaban el crimen y la droga, que se había convertido en el problema más grave entre los jóvenes.

La consigna entre los chilenos era silenciar las voces del pasado, trabajar por el futuro y no provocar a los militares por ningún motivo. En comparación con el resto de América Latina, Chile vivía un buen momento de estabilidad política y económica; aunque todavía había cinco millones de pobres. Salvo las víctimas de la represión, sus familiares y algunas organizaciones que velaban por los derechos humanos, nadie pronunciaba las palabras «desaparecidos» o «tortura» en alta voz. La situación cambió cuando arrestaron a Pinochet en Londres, adonde fue a una revisión médica y a recoger su comisión por un negocio de armas, acusado del asesinato de ciudadanos españoles por un juez, quien pidió su extradición a España. El general, que todavía contaba con el apoyo incondicional de las Fuerzas Armadas, había vivido veinticinco años aislado por los aduladores que siempre rodean al poder y a pesar de que le habían advertido los riesgos, viajó confiado en su impunidad. La sorpresa que se llevó al ser detenido por los británicos sólo puede compararse a la que se llevaron los demás chilenos, acostumbrados a la idea de que era intocable. Me encontraba por casualidad en Santiago cuando eso ocurrió y comprobé cómo en el curso de una semana se destapó una caja de Pandora y lo que había permanecido oculto bajo capas y capas de silencio, empezó a emerger. Los primeros días hubo furibundas manifestaciones callejeras de los pinochetistas, que amenazaban nada menos que con declarar la guerra a Inglaterra o enviar un comando militar al rescate del prisionero. La prensa del país, asustada, hablaba de la afrenta contra el Excelentísimo Senador Vitalicio y contra el honor y la soberanía de la patria; pero una semana más tarde las manifestaciones callejeras en su apoyo eran mínimas, los militares permanecían mudos y el tono había cambiado en los medios de comunicación, que ahora se referían al «ex dictador arrestado en Londres». Nadie creyó que los ingleses entregarían a Pinochet para que fuera juzgado en España, como de hecho no ocurrió, pero el miedo que aún flotaba en el aire disminuyó rápidamente en Chile. Los militares perdieron prestigio y poder en cuestión de días. El acuerdo tácito de callar la verdad terminó gracias a la gestión de aquel juez español.

En ese viaje recorrí el sur, me abandoné nuevamente a la prodigiosa naturaleza de mi país y me reencontré con mis fieles amigos, de quienes estoy más cerca que de mis hermanos, porque la amistad en Chile es para siempre. Volví a California con renovadas energías, lista para trabajar. Me asigné un tema lo más alejado posible de la muerte y escribí *Afrodita*, unas divagaciones sobre gula y lujuria, los únicos pecados capitales que valen la pena. Compré un montón de libros de cocina y otros tantos de erotismo y partí de excursión al barrio gay de San Francisco, donde recorrí durante semanas las tiendas de pornografía. (Una investigación como ésta habría sido difícil en Chile. En caso que el material existiera, jamás me habría atrevido a conseguirlo; el honor de mi familia estaría en juego.) Aprendí mucho. Es una lástima que adquiriera esos conocimientos tan tarde en mi vida, cuando ya no hay con quien practicar: Willie declaró que no estaba dispuesto a colgar un trapecio del techo.

Ese libro me ayudó a salir de la depresión en que me había sumido la muerte de mi hija. Desde entonces he escrito un libro por año. La verdad es que no me faltan ideas, lo que me falta es tiempo. Pensando en Chile y en California, escribí *Hija de la fortuna* y luego *Retrato en sepia*, libros en los cuales los personajes van y vienen entre estas mis dos patrias.

Para concluir deseo agregar que Estados Unidos me ha tratado muy bien, me ha permitido ser yo misma o cualquier versión de mí que se me ocurra crear. Por San Francisco pasa el mundo entero, cada uno con su cargamento de recuerdos y esperanzas; esta ciudad está llena de extranjeros, no soy una excepción. En las calles se oyen mil lenguas, se alzan templos de todas las denominaciones, se huele comida de los más remotos lugares. Pocos nacen aquí, la mayoría son extraños en el paraíso, como yo. A nadie le importa quién soy o qué hago, nadie me observa ni me juzga, me dejan en paz, lo cual tiene la contrapartida de que si me caigo muerta en la calle nadie se entera, pero, en fin, es un precio barato por la libertad. El precio que pagaría en Chile sería muy caro, porque allí todavía no se aprecian las diferencias. En California lo único que no se tolera es la intolerancia.

La observación de mi nieto Alejandro sobre los tres años de vida que me quedan me obliga a preguntarme si deseo vivirlos en Estados Unidos o regresar a Chile. No lo sé. Francamente dudo que dejaría mi casa. Visito Chile una o dos veces al año y cuando llego muchas personas parecen contentas de verme, pero creo que están más contentas cuando me voy, incluyendo mi madre, quien vive asustada de que su hija cometa un desatino, como aparecer en televisión hablando del aborto, por ejemplo. Me siento dichosa por unos días, pero a las dos o tres semanas empiezo a echar de menos el tofu y el té verde.

Este libro me ha ayudado a comprender que no estoy obligada a tomar una decisión: puedo tener un pie allá y otro acá, para eso existen los aviones y no me cuento entre aquellos que no vuelan por miedo al terrorismo. Tengo una actitud fatalista: nadie muere un minuto antes ni después de lo que le toca. Por el momento California es mi hogar y Chile es el territorio de mi nostalgia. Mi corazón no está dividido, sino que ha crecido. Puedo vivir y escribir casi en cualquier parte. Cada libro contribuye a completar ese «pueblo dentro de mi cabeza», como lo llaman mis nietos. En el lento ejercicio de la escritura he lidiado con mis demonios y obsesiones, he explorado los rincones de la memoria, he rescatado historias y personajes del olvido, me he robado las vidas ajenas y con toda esa materia prima he construido un sitio que llamo mi patria. De allí soy.

Espero que esta larga diatriba responda la pregunta de aquel desconocido sobre la nostalgia. No crea usted todo lo que digo, tiendo a exagerar y, tal como le advertí al principio, no puedo ser objetiva cuando de Chile se trata; digamos mejor que no puedo ser objetiva casi nunca. En todo caso, lo más importante de mi viaje por este mundo no aparece en mi biografía o en mis libros, sucedió en forma casi imperceptible en las cámaras secretas del corazón. Soy escritora porque nací con buen oído para las historias y tuve la suerte de contar con una familia excéntrica y un destino de peregrina errante. El oficio de la literatura me ha definido: palabra a palabra he creado la persona que soy y el país inventado donde vivo.

AGRADECIMIENTOS

La base de este libro son mis recuerdos, pero me han ayudado los comentarios de mis amigos Delia Vergara, Malú Sierra, Vittorio Cintolessi, Josefina Rosetti, Agustín Huneeus, Cristián Toloza y otros. También me he servido sin contemplaciones de las obras de Alonso de Ercilla y Zúñiga, Eduardo Blanco Amor, Benjamín Subercaseaux, Leopoldo Castedo, Pablo Neruda, Alfredo Jocelyn-Holt, Jorge Larraín, Luis Alejandro Salinas, María Luisa Cordero, Pablo Huneeus y varios más. Agradezco, como siempre, a mi madre, Francisca Llona, y a mi padrastro, Ramón Huidobro, por ayudarme a encontrar varios datos y corregir el texto final. También a mis leales agentes, Carmen Balcells y Gloria Gutiérrez, a mi corrector español Jorge Manzanilla y a mi editora americana Terry Karten.